중학생을 위한

딱 2시간
한국사

중학생을 위한

딱 2시간
한국사

구완회 지음

for book

구쌤의 첫인사

안뇽? 방가방가~^^

《중학생을 위한 2시간 한국사》교실에

들어오게 된 것을 완전 환영해.

우리 지금부터 정말 딱 2시간만, 쌤의 이야기를

찬찬히 들으면서 한국사의 흐름을 잡아볼까?

한국사 아는 것 하나 없다고, 국사 시간에

잠만 잤다고 해도 기죽을 필요 없어.

이 책은 정말 한국사 왕초보, 쌩초보,

완전 초보들을 위한 것이니까.

걍 재미난 얘기 듣는다 생각하고 편하게 따라오면 돼.

그럼 본격적으로 수업을 시작하기 전에
간단한 질문 하나! 우리는 한국사를 왜 공부하는 걸까?
시험에 나오니까? 그럼 시험에 나오지 않는다면
한국사를 몰라도 상관없는 걸까?
우리가 한국사를 공부하는 이유는,
세상을 잘 살아가기 위해서야.
세상을 잘 살아가기 위해서는
세상을 알아야 하거든. 그래서 한국사를 통해
우리가 사는 대한민국이 어떤 과정을 거쳐
오늘에 이르렀는지를 알아야 하는 거란다.
이걸 알아야 세상을 좀 더 잘, 재미있게,
즐겁게 살 수 있으니까 말이야.
자, 그럼 긴장 풀고, 수업 스타트~!

차례

시작하기 전에 이것부터!

시대 구분

시대만 잘 구분해도 50%는 먹고 간다

구쌤의 흐름 잡기

'머리-몸통-꼬리', '상류-중류-하류', '유년기-청년기-장년기-노년기', 이것들의 공통점이 뭔지 알아? 하나의 대상을 몇 부분으로 나누었다는 것! 이처럼 사람들은 하나의 대상을 비슷한 부분 몇 개로 나누어 파악하려는 경향이 있어. 왜 그러냐고? 그렇게 했을 때 한결 쉽고 머리에 쏙쏙 잘 들어오기 때문이지!

역사도 예외가 아니야. 그래서 역사가들은 일찍부터 하나의 역사를 몇 가지 시대로 나누어 서술했는데 그것이 바로 '시대 구분'이란다. 한국사는 보통 '선사 시대(구석기-신석기-청동기)-고조선과 초기 국가-삼국 시대-남북국 시대-고려-조선-근대-현대'로 시대를 구분해. 뭔 소린지 헷갈린다고? 걱정 마! 지금부터 쉽고 재미나게 설명해 줄 테니까. 자, 그럼 본격적인 한국사 이야기를 시작하기 전에 시대 구분부터 알아볼까?

미리 보는 연표

약 70만 년 전	한반도의 구석기 시대 시작	선사 시대
약 1만 년 전	신석기 시대 시작	
기원전 2333년	고조선 건국	고조선과 초기 국가
기원전 2000~1500년경	청동기 시대 시작	
기원전 1세기	고구려, 백제, 신라 건국	삼국 시대
7세기	신라의 삼국 통일, 발해 건국	남북국 시대
936년	고려의 후삼국 통일	고려 시대
1392년	조선 건국	조선 시대
1876년	개항	근대
1945년	8·15 해방	현대

시대 구분은 왜 할까?

시대 구분을 왜 하냐고? 당근, 심심해서 하는 건 아냐. 너희들을 골탕
먹이려고 하는 것도 아니고. 무엇보다 시대를 제대로 구분해야 역사의
흐름을 파악할 수 있기 때문이지. 역사란 마치 띄어쓰기하지 않고 써놓
은 문장과 같아. 이를테면 '아버지가방에들어가신다' 같은 거라고나 할
까? 이 문장을 자음과 모음으로 분리하면 '암기'를 해야 하지만 제대로
띄어 읽으면 단박에 '이해'가 되지. 굳이 외우지 않아도 알 수 있게 되는
거야. 그러니 역사도 개개의 역사적 사실을 암기하기보다는 시대 구분
을 통해 이해해야 하는 거지. 그래야 비로소 역사는 '지겨운 암기 과목'
이 아니라 '재미있는 이해 과목'이 되니까.

그렇다면 시대를 구분하기 위해서 필요한 것은? 기준! 무엇을 기준으로
삼느냐에 따라 시대 구분도 달라지기 때문이란다.

한국사를 예로 들어볼까? 어떤 종교가 사회를 주도했느냐를 기준으로
삼아서 시대를 구분한다면 '고유 신앙-불교-유교-기독교(시대)'가 될
거야. 만약 어떤 집에서 살았는지를 기준으로 삼는다면 '동굴-움집-초
가집-기와집-아파트(시대)'가 되겠지. 이렇게 기준에 따라 여러 가지 시
대 구분이 가능해.

역사의 시대 구분에는 정답이 없어. 그렇다고 다양한 시대 구분을 모두 알아야 할 필요도 없단다. 한국사의 경우에는 교과서에 따른 시대 구분만 알면 돼. 그럼 이쯤에서 우리 한번 소리 내서 따라 읽어볼까?

한국사 교과서의 시대 구분

선사 시대(구석기-신석기-청동기) → **고조선과 초기 국가** →
삼국 시대(고구려, 백제, 신라) → **남북국 시대**(통일 신라와 발해) →
고려 → **조선** → **근대** → **현대**

아마도 모두들 한번쯤은 들어본 단어들일 거야. 하지만 막상 이렇게 줄줄이 꿰기는 쉽지 않지. 그러니까 이건 무조건, 완전히 머릿속에 집어넣어두는 것이 좋아. 우선은 소리 내서 세 번만 읽어보자고. 교과서 차례와도 거의 같으니 외우는 것이 그리 어렵진 않을 거야. 이러한 시대 구분에다가 구체적인 사실들을 끼워 넣으면 한국사 공부는 끝~! 이거 완전 쉽잖아?

아, 그래도 당장 외우는 것이 쉽지 않다면 일단 패스. 앞으로 생각날 때마다 이 페이지를 한 번씩 찾아본다면 이 책을 다 읽을 때쯤에는 자연스럽게 머릿속에 들어가 있을 거야.

한국사 시대 구분의 기준은 짬뽕?

여기서 질문 하나. 방금 쌤이 얘기한 한국사의 시대 구분은 무엇을 기준으로 한 것 같니? 나라별? 도구별? 시간별? 정답은 짬뽕! 무슨 얘기냐고? 교과서 차례에 있는 한국사 시대 구분에는 여러 가지 기준이 섞여 있다는 말씀. 마치 면과 해물, 각종 채소를 섞어놓은 짬뽕처럼 말이야.

교과서의 한국사 시대 구분에는 크게 네 가지 기준이 섞여 있어. 우선 첫 번째 기준은 역사 기록의 유무. 제일 앞에 나왔던 선사 시대란 '먼저 선(先)'에 '역사 사(史)', 말 그대로 '역사 이전의 시대', 정확하게는 역사 기록이 없는 시대를 말해. 한국사 최초의 기록이 고조선부터 시작되니까 고조선 이전은 선사 시대인 거야. 고조선부터는 역사 시대가 시작되는 것이고. 그런데 선사 시대는 다시, 당시에 사용했던 도구에 따라 '구석기-신석기-청동기'로 구분해. 석기 시대는 돌로 만든 도구, 청동기 시대는 청동으로 만든 도구를 쓰던 시대야. 그중 석기 시대를 둘로 나눠서 옛날 석기 시대(구석기), 새로운 석기 시대(신석기)라고 한 거지.

이렇게 도구를 기준으로 삼게 되면 청동기 시대 다음으로 철기 시대가 와야 하는 게 맞지만, 교과서의 시대 구분에 따르면 청동기 다음으로 고조선이 등장한단다. 그리고 고조선부터는 도구나 역사 기록이 아니라 '국가'를 기준으로 시대를 구분하기 시작했어. 그래서 '고조선과 초기 국가-삼국 시대-고려-조선'으로 이어지는 거란다.

가까운 근대, 더 가까운 현대

국가를 기준으로 한다면 조선 다음에 대한민국이 와야겠지. 뭐, 중간에 '일제 강점기'가 들어갈 수도 있겠지만 말이야. 그런데 조선-근대-현대로 이어지네. '가까울 근(近)'자를 쓰는 근대는 '가까운 시대', '나타날 현(現)'자를 쓰는 현대는 '지금 우리 눈앞에 나타난 시대'라고 풀이할 수 있어. 조선에서 대한민국으로 넘어가지 않고, 굳이 근대와 현대를 집어넣은 것은 이때 한국사가 크게 달라졌기 때문이야. 근대란 조선이 외국에 나라의 문을 여는 때부터 시작해. 1876년 강화도 조약으로 일본에 개항한 이후, 새로운 문물들이 엄청나게 쏟아져 들어왔거든. 그것들은 사람들의 생활을 바꾸고, 문화를 바꾸고, 나라까지 완전히 바꾸어놓았어.

이때부터 한국사는 이전과 전혀 다른 시대로 접어들게 된 거야. 이런 변화는 단순히 새로운 나라가 생기는 것으로만은 설명할 수 없어. 만약 한국사를 딱 두 개의 시대로 나눈다면 '근대와 근대 이전(전근대)'으로 나눌 수 있을 정도니까 말이야. 근대의 변화를 한마디로 표현한다면? '서양화' 혹은 '서구화'라고 할 수 있어. 원래 '근대'라는 말도 서양사의 시대 구분에서 나온 말이란다.

서양사의 시대 구분은 고대 – 중세 – 근대

일찍이 서양에서는 역사를 세 가지 시대로 구분했어. 멀고(고대), 중간쯤 되고(중세), 가까운(근대) 시대. 그런데 이것이 단순히 시간만을 기준으로 나눈 것은 아니야. 이러한 시대 구분 뒤에는 훨씬 더 '과학적인' 이유가 숨어 있단다.

바로 경제적인 이유! 한 사회의 생산을 주로 담당하는 계급이 노예면 노예제 사회, 농노면 봉건제 사회, 노동자면 자본주의 사회라고 불러. 서양의 '고대-중세-근대'는 '노예제-봉건제-자본주의'라는 경제 체제와 거의 일치해. 그래서 고대-중세-근대를 '고대 노예제-중세 봉건제-근대 자본주의'라고도 하는 거야.

또한 고대-중세-근대는 경제 체제만 다른 게 아니야. 세 시대는 정치와 사회, 문화도 큰 차이를 보이지. 근대가 시작되면서 서양은 세계로 뻗어나가기 시작해. 좋게 말하면 탐험이고, 나쁘게 말하면 침략이야. 이 과정에서 서양의 문물을 받아들인 나라는 완전히 새로운 시대로 접어들게 된단다. 이렇게 시작된 새로운 시대 역시 근대라고 불러. 한국사의 근대도 그래서 붙여진 이름이야.

근대에 비하면 현대는 좀 편의적인 시대 구분이야. 이 역시 서양사에서 온 개념이지. 서양사에서 현대(contemporary)란 근대 다음의 새로운 시대가 아니라 '동시대'라는 의미이고, 대략 제2차 세계대전 이후(1945~)를 말해. 한국사의 현대 또한 1945년 8 · 15 해방 이후를 가리키는데, 보통 근대와 함께 묶어서 '근현대'라고 부른단다. 그런 까닭에 한국사는 전근대사와 근현대사로 나뉜다고 말하는 거야.

자, 지금까지 한국사의 시대 구분에 대해 알아보았어. 벌써 한국사의 큰 흐름은 잡은 셈이야. 그럼 다음에 시작할 제1장부터는 시대별 흐름에 대해 보다 자세히 알아보기로 하자.

다양한 기준에 따른 한국사의 시대 구분

구분 기준	시대						
역사 기록	선사		역사				
도구	구석기	신석기	청동기	철기			
국가			고조선	삼국	고려	조선	대한민국
서구화	전근대						근현대

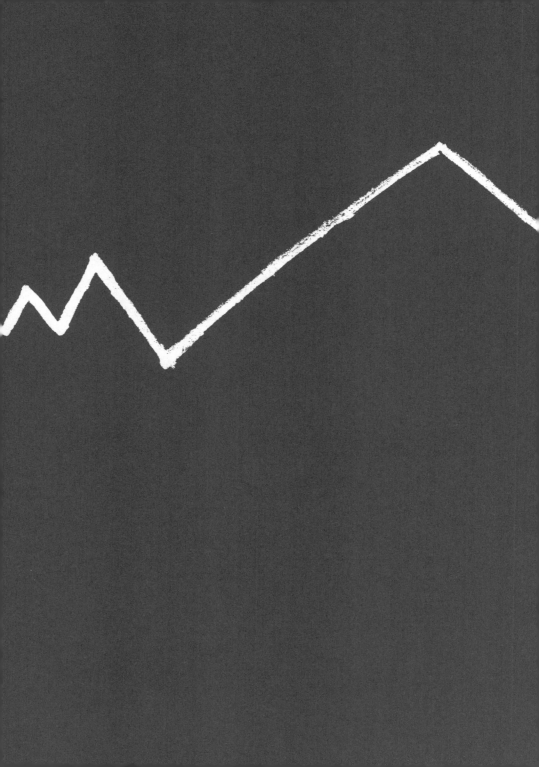

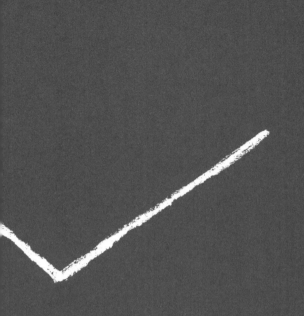

1

선사 시대와
국가의 탄생

최초의 인류, 최초의 국가

구쌤의 흐름 잡기

인류의 역사는 도구와 함께 시작해. 물론 한국사도 마찬가지야. 도구와 함께 시작된

선사 시대는 사용한 도구에 따라 구석기와 신석기, 청동기 시대로 나뉘어. 한국사는

청동기 시대에 이르면서 역사 시대로 접어들었지. 이때 최초의 역사 기록이 생겨났

거든.

한국사의 가장 오래된 기록은 단군의 고조선이야. 어라? 그런데 연표를 보니까 고조

선이 청동기 이전에 세워진 것으로 나와 있네? 왜 그러냐고? 옛날부터 전해 내려오

는 기록에는 이렇게 나와 있기 때문이야. 하지만 학자들의 생각은 조금 달라. 이보다

훨씬 뒤, 그러니까 청동기 시대 이후에 고조선이 세워진 것으로 생각하고 있지.

아무튼 청동기 이전이든 이후든, 최초의 국가 고조선이 스타트를 끊으면서 부여와

고구려, 옥저, 동예, 삼한 등이 줄줄이 등장하기 시작했단다.

미리 보는 연표

약 70만 년 전	한반도의 구석기 시대 시작
약 1만 년 전	신석기 시대 시작
기원전 2333년	고조선 건국 (사실은 청동기 이후 건국한 것으로 추정)
기원전 2000~1500년경	청동기 시대 시작
기원전 5세기경	철기 시대 시작
기원전 2세기	부여 건국
기원전 108년	고조선 멸망, 한사군 설치
기원전 37년	고구려 건국

앞으로, 앞으로! 인류 진화의 행진

우리나라의 구석기 시대는 대략 70만 년 전부터 시작해. 사실 여기에 대해서는 여러 주장이 있지만, 우리는 일단 교과서에서 채택하고 있는 학설을 따르기로 하자고.

자, 그렇다면 이전에는 한반도에 인류가 없었을까? 빙고! 없었어. 왜냐하면 현재까지의 정설에 따르면, 인류는 아프리카에서 출발해 세계로 뻗어나간 것이거든. 그러니까 한반도에 사람이 살기 시작한 70만 년 전쯤이 바로 한국사가 시작하는 시점이 되는 거야.

그렇다면 70만 년 훨씬 이전에 아프리카에서 살았던 인류에 대해 잠깐 알아볼까? 교과서에서는 아주 잠깐 언급하고 지나는 수준이니까 우리도 살짝만 알아보자고. 우선 최초의 인류인 오스트랄로피테쿠스부터! 다들 이름은 들어봤지? 요즘은 이들보다 더 앞선 인류가 있었다는 주장도 많지만, 이것도 아직 교과서에는 반영되지 않고 있으니까 일단 통과~.

오스트랄로피테쿠스는 처음으로 나무에서 내려와 두 발로 걷기 시작했어. 생활에 필요한 간단한 도구들도 직접 만들어 썼지. 그다음으로는 호모 하빌리스-호모 에렉투스-호모 사피엔스-호모 사피엔스 사피엔스로 이어져. 여기서 '호모'란 말은 '인간'이라는 뜻으로 이해하면 돼. 그 뒤에 붙은 이름은 이들의 특징을 나타낸 거고.

예컨대 하빌리스는 '손재주가 좋은', 에렉투스는 '똑바로 선', 사피엔스는 '지혜가 있는'이란 뜻이지. 그러니까 호모 하빌리스는 '손재주가 좋은 사람', 호모 에렉투스는 '똑바로 선 사람', 호모 사피엔스는 '슬기로운 사람'이 되는 거야. 그렇다면 호모 사피엔스 사피엔스는? '더 슬기로운 사람' 쯤 되겠지 뭐.

아무튼 이러한 인류 진화의 행진은 간단히 표로 정리하면 쉬워. 그렇다고 지금 당장 이걸 다 외울 것까지는 없어. 일단 한번 쓱 봐주고 나중에 필요할 때 다시 찾아보면 돼.

한눈에 보는 인류 진화의 행진

이름(우리말 뜻)	출현 시기	특징
오스트랄로피테쿠스 (남쪽 원숭이)	500만~ 300만 년 전	두 발로 걷기 시작한 최초의 인류
호모 하빌리스 (손 쓴 사람)	230만~ 150만 년 전	도구를 제대로 만들어 쓰기 시작 (= 손 쓴 사람)
호모 에렉투스 (곧선사람)	80만~ 60만 년 전	똑바로 걷기 시작했으며(= 곧선사람) 불을 쓰기 시작
호모 사피엔스 (슬기 사람)	10만~ 3만 년 전	다양한 도구를 사용하고 죽은 사람을 매장할 정도로 지능 발달(= 슬기 사람)
호모 사피엔스 사피엔스 (슬기 슬기 사람)	4만 년 전	정교한 도구를 사용하고 몸에 장식을 하거나 동굴 벽화를 그릴 정도로 지능 발달(= 슬기 슬기 사람)

구석기는 뗀석기, 신석기는 간석기

그럼 지금부터는 한반도의 구석기와 신석기, 청동기에 대해 알아보자. 이 세 시기는 도구의 재료에 따라 구분한 것이므로 한꺼번에 비교하면서 살펴보는 게 좋아. 구석기와 신석기는 돌, 청동기는 청동으로 도구를 만든 거지. 청동은 구리에 아연이나 주석을 섞은 합금을 말해.

우리 인류는 구리를 가장 먼저 발견했지만, 구리는 너무 물러서 도구를 만들 수 없었어. 그런데 구리에 아연이나 주석을 섞으면 단단해진다는 사실을 발견했지. 이렇게 해서 탄생한 청동으로 도구를 만들게 된 거야. 그렇다면 청동보다 더 단단한 철이 있는데 그것을 쓰지 않았던 까닭이 궁금하지 않아? 철을 이용하기에는 아직 기술이 모자랐기 때문이지. 철의 녹는점은 구리나 아연, 주석보다 훨씬 높았거든. 철을 녹여 도구를 만들 수 있게 된 것은 한참 뒤의 일이야.

다시 석기 시대로 되돌아가서, 조금 전에 구석기는 옛날 석기, 신석기는 새로운 석기라고 말했었지? 모두 돌로 만들었지만 구석기와 신석기는 만드는 방법에서 결정적인 차이가 있어. 구석기는 돌을 떼어서 만들고, 신석기는 돌을 갈아서 만들었거든. 그러니까 뾰족뾰족 떼어 만든 뗀석기는 구석기, 반질반질 갈아 만든 간석기는 신석기란다. 이건 사진을 보면 확실히 구분할 수 있지.

구석기(뗀석기)의
대표 유물
'주먹 도끼'.

VS

신석기(간석기)의
대표 유물 '돌도끼'.

토기와 농사, 혁명을 일으키다!

그런데 구석기와 신석기, 청동기가 도구만 달랐던 건 아냐. 도구가 달라지니 사는 곳이 달라지고, 당연히 생활 방식까지 달라졌어. 어떻게 달라졌느냐고? 잘 들어봐~. 구석기 시대 사람들은 뗀석기를 가지고 사냥과 채집을 해서 먹고살았어. 채집 대상은 주로 식물이나 나무 열매였지. 사냥은 성공하기 힘들었기 때문에 채집이 더욱 중요했대.

그러면 생각해봐. 어느 지역의 식물과 나무 열매를 몽땅 먹어 치운 후에는 어떻게 해야겠니? 다른 지역으로 옮겨가야겠지. 그래서 구석기 시대 사람들은 옮겨다니며 사는 이동 생활을 한 거야. 먹을거리들이 더 많은 곳을 찾아다니면서 살았던 거지. 이동 생활을 하니까 애써서 집을 지을 필요가 있겠니? 없지! 더구나 당시에는 집 짓는 기술이나 도구도 보잘것없었으니까. 그래서 구석기 시대 사람들은 주로 동굴에서 살았던 거야. 그러니까 구석기 시대는 이렇게 정리할 수 있어.

뗀석기 → **사냥 & 채집** → **이동 생활** → **동굴**

신석기 시대의 생활 방식을 변화시킨 것은 사실 간석기가 아니라 토기였어. 이때부터 사람들은 돌을 갈아 도구를 만들었을 뿐 아니라, 흙을 반죽한 뒤 불에 구워 토기를 만들기 시작했거든. 여러분도 밑바닥이 뾰

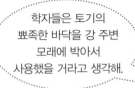
학자들은 토기의 뾰족한 바닥을 강 주변 모래에 박아서 사용했을 거라고 생각해.

빗살무늬 토기

족하고 빗살 모양 무늬가 있는 '빗살무늬 토기'를 한번쯤 본 적이 있을 거야. 이게 바로 우리나라의 신석기 시대를 대표하는 토기란다.

토기가 생활을 어떻게 바꿨냐고? 우선 식량을 저장하는 일이 가능해졌지. 그리고 먹을 수 있는 것이 많아졌어. 예를 들어 도토리! 까마득한 옛날부터 한반도에 지천으로 널려 있던 것이 도토리였지만, 떫은맛을 내는 타닌 성분 때문에 그냥 먹을 수가 없었거든. 그런데 도토리를 가루로 만든 뒤 토기에 물과 함께 담아놓으면 타닌 성분이 물로 빠져나가서 훌륭한 먹을거리가 되었던 거지.

거기다 간석기로 낚시 도구나 그물추를 만들어 물고기를 잡으면서 식량은 더욱 풍부해졌어. 뿐만 아니야. 신석기 시대에는 농사를 짓고 가축을 기르는 일이 가능해졌지. 덕분에 한반도 사람들은 이동 생활을 끝내고,

저마다 어딘가에 정착해서 살기 시작한 거야. 이렇게 정착 생활을 하게 되니까 사람들은 동굴보다 편한 잠자리를 찾기 시작했고, 그런 이유로 점차 집을 짓게 되었지.

하지만 집이라고 해서 지금 우리가 살고 있는 그런 집을 상상하지는 마. 인류가 처음 지은 집은 땅을 파고 그 위에다 나무와 풀 따위를 얼기설기 엮은 움집이었거든. 게다가 아직은 농사보다 고기잡이가 더 중요했기 때문에 신석기 시대의 마을은 주로 강가에 있었어. 그래서 인류 최초의 문명들이 대부분 큰 강을 끼고 생겨났단다. 이른바 '세계 4대 문명'이라 불리는 메소포타미아, 이집트, 인더스, 황허 문명 등이 그렇지. 그러니까 신석기 시대를 다시 정리하자면 이렇게 되는 거야.

간석기 → 토기 → 농사 & 목축 → 정착 생활 → 움집

신석기 시대에 농경과 함께 정착 생활이 시작된 것은 인류 역사의 중요한 변화였어. 그래서 역사학자들은 신석기 시대의 이러한 변화를 '신석기 혁명'이라고 불러. 혁명이란 빠르고 근본적인 변화를 가리키는 말이란다.

신석기 시대 움집

지배층의 탄생, 국가의 탄생

청동기 시대도 신석기 못지않게 큰 변화가 있었어. 우선 눈에 띄는 것이 도구의 재료가 돌에서 청동으로 바뀐 거야. 사실 돌이 재료인 석기는 아무나 만들 수 있었어. 재료도 주변에 널렸고 말이야. 하지만 청동은 달랐지.

생각해봐. 청동을 만들기 위해선 무엇보다 주변에 구리와 주석 혹은 아연이 있어야 해. 그리고 이걸 캐와야 하고, 작은 용광로를 만들어서 이것들을 전부 녹여야 해. 그야말로 전문적인 지식과 기술이 필요한 일이 겠지? 그러니 청동기를 만들어 쓰는 것은 정말 특별한 사람들에게만 가능한 일이었던 거야.

특별한 사람들의 반대는? 보통 사람들이지. 그러니까 청동기 시대엔 신석기 시대까지는 없던 '특별한 사람들'과 '보통 사람들'의 구분이 생겨나기 시작했어. 그리고 특별한 사람들은 보통 사람들을 지배하기 시작했지. 그래서 이때 지배층과 피지배층이 생겨나게 됐어. 지배층이란 말 그대로 지배하는 사람들, 피지배층은 지배를 받는 사람들이야. 지배층과 피지배층이 있는 사회를 계급 사회라고도 불러. 군대처럼 계급에 따라 사람들의 신분이 정해지는 사회가 되었다는 뜻이지.

지배층이 생겨날 수 있었던 것은 청동의 발견 때문만이 아니었어. 사실 더 중요한 이유는 농사 기술의 발달에 따른 생산량의 증가야. 신석기 시대까지만 해도 사람들은 먹고살기가 빠듯했거든. 그래서 누가 누구를 지배할 여유가 없었지. 피지배층은 지배층을 먹여 살려야 하는데, 신석기 시대에는 아무리 열심히 일해도 자기 먹을 것 이상을 생산할 수 없었던 거야. 그러니 다른 사람을 지배한다는 것이 아무런 의미가 없었지.

그러다 농사 기술이 발달하고 생산량이 늘어나면서 모든 것이 달라졌어. 이제 다른 사람 위에 군림하며 놀고먹는 지배층이 생겨났지. 이런 지배층은 청동 검으로 무장을 하고, 청동 거울로 한껏 위엄을 높이면서 다른 사람을 지배하게 되었어.

청동기 시대의 지배층이 남겨놓은 유물이 바로 고인돌이야. 청동기 지배층의 무덤인 고인돌을 만들기 위해서는 거대한 돌을 옮겨야 해. 그러

청동기 시대 고인돌

려면 많은 사람을 동원해야 하고. 그러니 고인돌이 존재한다는 것은 다른 사람을 제 마음대로 부리는 지배층이 있었다는 증거가 되는 거야.

그런데 고인돌이 청동기 지배층의 무덤이라는 사실은 어떻게 알 수 있냐고? 고인돌에서 청동 검과 청동 거울 등 당시 지배층이 사용했던 유물이 많이 발굴되었거든. 사람의 뼈와 함께 말이야.

처음에는 지배층이 자기 부족만 다스렸지만 점점 더 규모를 키워나갔어. 이 과정에서 수많은 사람이 피를 흘리는 전쟁이 벌어지기도 했지. 그리고 마침내, 세계 곳곳에서 국가들이 태어나기 시작했단다. 물론 한반도도 예외가 아니었어.

비교! 비교! 한반도의 구석기 vs 신석기 vs 청동기

구분	구석기	신석기	청동기
시기	약 70만 년 전	약 1만 년 전	기원전 2000~1500여 년 전
특징	뗀석기, 사냥 · 채집, 이동 생활, 동굴	간석기, 토기, 농사 · 목축, 정착 생활, 움집	청동기, 농업 발달, 지배층 · 피지배층, 국가의 탄생

단군 신화 속의 숨은 역사를 찾아랫!

단군이 세운 고조선도 바로 청동기 시대에 태어났어. 고조선은 한반도에 처음으로 등장한 국가였지. 고조선의 원래 이름이 조선인 것은 알고 있지? 그 이후에도 조선이란 이름의 나라가 있기 때문에 옛 고(古)자를 붙여 고조선으로 불렀다는 사실도 말이야.

더불어 단군 신화의 내용에 대해서도 살짝 짚고 넘어가볼까? 모두들 대충은 알고 있을 테지만. 환인의 아들 환웅이 하늘에서 바람, 비, 구름을 다스리는 신하들을 데리고 인간 세상으로 내려와 사람들을 다스렸는데, 곰과 호랑이가 인간이 되기를 원했다는 것. 결국 호랑이는 실패하고 곰만 사람이 되어 환인과 결혼해서 단군을 낳았다는 것 등등…… 다 알고 있지?

이 신화의 역사적인 해석도 혹 기억이 나니? 바람, 비, 구름 등을 이용한 농사 기술을 가진 부족이 한반도로 들어와 곰 부족과 호랑이 부족 중에서 곰 부족과 손을 잡고, 고조선이란 나라를 세웠다는 것이지. 그러니 단군 신화는 단순히 지어낸 이야기가 아니라 역사를 담고 있으며, 고조선은 한반도 최초의 국가가 되는 거야. 곰 부족, 호랑이 부족이란 곰과 호랑이가 부족의 수호신이라는 뜻이고. 곰과 호랑이 같은 '부족의 수호신'을 '토템'이라고 부른다.

위만 조선에서 한사군으로

한반도 최초의 국가인 고조선에 대해 알아두어야 할 것은 크게 두 가지야. 고조선의 역사와 고조선 사람들의 생활. 이것들은 《삼국유사》를 비롯한 우리 역사책과 중국 쪽 기록을 통해 알 수 있단다. 그럼 우선 고조선의 역사부터 살펴볼까?

청동기 시대에 세워진 고조선은 기원전 5세기에 철기 문화를 받아들이면서 더욱더 발전했어. 기원전 4세기경에는 중국 동쪽에 있던 연나라와 겨룰 정도로 강해졌지. 그러다 기원전 2세기에 중국에서 위만이 이끄는 무리가 들어오면서 새로운 변화를 맞게 돼. 앞선 문물로 무장한 위만이 당시 고조선을 다스리던 준왕을 몰아내고 스스로 고조선의 왕이 되었거든.

그렇다면 고조선이 중국의 땅이 된 것일까? 물론 아냐! 당시에는 한국 사람, 중국 사람 하는 식의 구분이 없었으니까. 더구나 위만은 '조선'이란 나라 이름을 그대로 썼거든. 중국과 한반도에 걸쳐 있던 고조선의 왕이 된 위만은 중국의 한나라와 한반도 남쪽 사이의 중계 무역을 통해 더욱 힘을 키워갔단다. 위만이 왕이 된 이후의 고조선을 이전과 구분해서 '위만 조선'이라고 불러.

그런데 고조선이 점점 강국으로 성장하자 한나라는 불안해졌어. 마침내 한나라의 황제인 무제가 대규모 군사를 일으켜 고조선을 침략했지. 우리 역사상 최초의 대규모 전쟁이 벌어진 거야. 결과는 아쉽게도 고조선의 패배. 이후 한나라는 고조선이 있던 지역에 지방 조직인 군과 현을 설치해서 다스리게 돼. 이때 설치된 네 개의 군을 '한사군'이라고 부른단다.

한눈에 보는 고조선의 역사

기원전 2333년	청동기 문명을 바탕으로 고조선 건국
기원전 5세기	철기 시대로 접어듦
기원전 4세기	중국 동쪽에 있던 연나라와 겨룰 정도로 번영
기원전 194년	중국에서 위만이 들어와 고조선의 왕이 됨
기원전 108년	중국 한나라의 침략으로 멸망(한사군 설치)

고조선은 법대로!

이제부터는 고조선 사람들의 생활 모습을 살펴보기로 하자. 여기에서 중요한 것은 두 가지야. 하나는 고조선 사람들은 법에 따라 살았다는 것. 또 하나는 고조선을 대표하는 유물들을 기억하는 것. 그럼 우선 고조선의 법부터 알아볼까?

고조선에는 모두 여덟 개의 법이 있었다고 해. 하지만 지금까지 전해지는 것은 아쉽게도 세 개야. 1 사람을 죽인 사람은 사형에 처한다. 2 남을 다치게 한 사람은 곡물로 갚는다. 3 도둑질을 한 사람은 노비로 삼는다. 단, 죄를 벗으려면 50만 냥을 내야 한다, 같은 것이지.

그렇다면 이 법을 통해 알 수 있는 것은? 1 무엇보다 사람의 생명을 소중히 여겼다. 2 개개인의 사유 재산을 보호했다(도둑질 엄금!). 3 계급 사회였다(노비의 존재!). 4 돈을 사용했다, 등이야.

고조선을 대표하는 유물도 세 가지가 있는데 탁자식 고인돌, 비파형 동검, 미송리식 토기가 그것들이야. 이 유물들이 중요한 이유는 이것들이 모두 발견된 지역에 고조선이 자리 잡고 있었다고 생각되기 때문이야. 고조선이 어디서부터 어디까지였는지에 대한 정확한 기록이 남아 있지 않거든. 그래서 유물을 통해 추측하는 거야. 이 유물들이 공통적으로 발견된 지역을 표시하면 다음 지도와 같아.

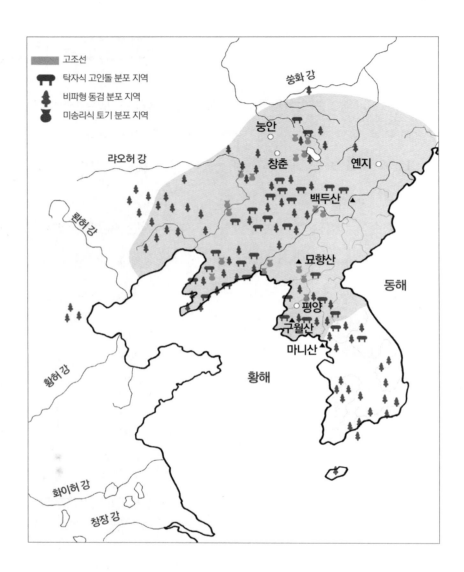

자, 그럼 지금부터는 세 가지 유물을 하나하나 설명해줄게. 우선 탁자식 고인돌은 이름 그대로 탁자처럼 생긴 고인돌을 말해. 주로 북쪽 지역에서 발견되었기 때문에 북방식 고인돌이라고도 불러. 그렇다면 남방식은? 바둑판처럼 생겼어. 사진으로 비교하면 확실히 알 수 있지.

북방식 고인돌

남방식 고인돌

비파형 동검은 중국 악기인 비파처럼 생긴 청동 검이야. 우리에게 익숙한 기타와도 비슷하지. 비파형 동검은 중국 동쪽과 한반도 북쪽 지방에서 주로 발견되었어. 한반도 남쪽 지방에서는 비파형 동검보다 훨씬 가늘게 생긴 세형 동검이 더 많이 나왔고. 그래서 세형 동검을 한반도형 동검이라고도 부른다.

비파형 동검   세형 동검

미송리식 토기는 평안북도 미송리에 있는 동굴에서 발견되어 이런 이름이 붙었어. 달걀 모양 토기 양옆에 손잡이가 달려 있고, 주둥이가 깔때기 모양으로 하늘을 향한 것이 특징이야.

빗살무늬 토기로 대표되는 신석기 시대를 지나 청동기 시대에 접어들면 토기의 종류가 많아진단다. 그런데 청동기 시대의 토기는 대부분 무늬가 없어. 그래서 무늬 없는 토기를 뭉뚱그려 '민무늬 토기'라고 불러.

미송리식 토기도 민무늬 토기의 일종이야. 그렇다면 왜 무늬가 없어진 걸까? 학자들은 신석기 시대 토기에 빗살무늬를 새겨 넣은 것은 토기가 깨지는 것을 막기 위해서였다고 생각해. 아직 기술이 부족해 토기를 아주 높은 온도에서 구울 수 없었기 때문이지. 그러다가 청동기 시대에 들어오면서는 굳이 무늬를 넣지 않아도 단단하게 구울 수 있게 된 거야.

신석기는 빗살무늬 토기, 청동기는 민무늬 토기!

미송리식 토기

앞에서 청동기 시대에 세워진 고조선이 철기를 받아들이면서 크게 발전했다고 말했었지? 이제 그 이야기를 해보자. 한반도에 철기 문화가 들어온 것은 기원전 5세기 무렵이야. 철기가 퍼지면서 사람들의 생활은 확 바뀌었단다. 왜냐고? 철제 농기구가 만들어지면서 농업 생산성이 크게 높아졌기 때문이지. 청동기 시대 사람들은 여전히 돌로 만든 농기구를 사용하고 있었거든.

왜냐고? 청동은 원료가 귀하고 만드는 게 어려워서 지배층을 위한 검이나 거울 같은 장신구들만 만들었어. 피지배층인 농민들이 쓰는 농기구까지 청동으로 만들 생각은 하지 못했지.

청동에 비해 철은 원료가 풍부했단다. 거기에다 철을 만드는 기술을 아는 사람도 많아져서 농기구까지 철재로 만들기 시작한 거야. 물론 농기구만 철재로 바꾼 건 아니야. 그전까지 청동으로 만들어 사용하던 무기들도 철로 만들기 시작했단다. 철이 청동보다 훨씬 단단하고 날카로웠거든. 이렇게 태어난 철제 농기구와 무기는 세상을 크게 바꾸었어. 어떻게 바꾸었느냐고? 지금부터 설명할 테니 잘 들어봐.

철제 농기구를 쓰기 시작하자 농업 생산량이 늘었고, 농업 생산량이 늘어나면서 인구도 함께 늘어났지. 인구가 늘었으니 더 넓은 땅이 필요해졌어. 결국 다른 부족들과 부딪치게 되는 일 또한 늘어난 거야. 그래서 철제 무기를 들고 다른 부족과 전쟁을 벌이는 일이 더욱 빈번해졌어. 한 부족이 다른 부족을 정복하고, 또 다른 부족을 정복하고, 또 또 다른 부족을 정복하고……. 이 과정에서 결국 새로운 나라가 태어나게 되었지. 한반도에서도 고조선의 뒤를 이어 철기 문화를 바탕으로 한 나라들이 줄줄이 등장하게 되었단다.

부여와 고구려, 너~무 닮았네

고조선의 뒤를 이은 나라들을 보면서 기억해야 할 것들은 다음과 같아. 우선 나라 이름과 위치 그리고 각 나라의 특징들이야. 외워야 할 것들이 너무 많은 것 아니냐고? 다행히 나라 수가 많지는 않아. 그럼 아래 지도를 보면서 설명을 덧붙여볼까?

고조선의 뒤를 이은 나라들 어때? 한눈에 다 보이지?

가장 먼저 태어난 부여는 한반도의 북쪽, 그러니까 지금의 중국 땅에 자리 잡았어. 이곳은 넓은 평야 지대여서 농사를 짓거나 가축을 기르기가 좋았지. 부여는 영토를 중앙과 동서남북의 다섯으로 나누어 중앙은 왕이 다스리고 나머지 지역은 마가, 우가, 저가, 구가라 불리는 관리들이 맡았어. 왜 그랬을까? 그때는 아직 왕의 권한이 크지 않았거든. 사실 이 시기의 왕은 어제까지만 해도 부족장에 불과했으니까.

부여의 특징은 형벌이 엄격했다는 것. 사람을 죽인 자는 사형에 처하고, 그 가족은 노비로 삼았으며, 도둑질을 하면 훔친 것의 12배로 갚게 했단다(1책12법). 왕이 죽으면 종들을 함께 묻는 순장의 풍습이 있었고, 해마다 12월에는 '영고'라는 행사를 열어 하늘에 제사를 지냈어.

고구려는 부여에서 빠져나온 사람들이 세운 나라야. 그래서 부여 바로 아래 자리를 잡았는데, 풍습도 비슷한 것이 많았단다. 부여와 마찬가지로 다섯 부족이 연합해서 나라를 세웠고, 해마다 10월에 '동맹'이라는 제천 행사를 열었어. 다만 부여와 달리 평야보다 산이 많은 지역이라 농사보다는 사냥이 주업이었지. 사실 말이 좋아 사냥이지 실은 다른 나라를 약탈해서 식량과 물건을 빼앗아온 거야. 고구려에는 사위가 처갓집에서 사는 풍습이 있었어. 결혼이 정해지면 신부 집에 '서옥'이라는 작은 집을 짓고 사위가 함께 살도록 했던 거야. 거기서 아이를 낳고 한참을 기른 뒤에야 신랑의 집으로 갈 수 있었지. 이렇게 신랑이 처가살이를 하는 풍속은 조선 시대가 될 때까지 계속되었단다.

왕이 없는 나라도 있다고?

동해 쪽에 자리 잡은 동예와 옥저는 아직 왕이 없었어. 그만큼 정치적인 발전이 더뎠다는 얘기지. 그런 탓에 고구려에 공물을 바치는 등 그 영향력 아래 있었어. 둘 다 동해에 접해 있어서 해산물이 풍부하고 토지 또한 비옥했지. 그런데 옥저에는 고구려와는 정반대의 결혼 풍습이 있었어. 어린 여자아이를 데려다 키워서 나중에 혼인을 시키는 '민며느리제'가 바로 그것이야. 이와 반대로 고구려처럼 사위가 처가살이를 하는 것은 '데릴사위제'라고 불러.

동예에는 다른 부족을 침범하면 벌로 노비나 소, 말을 내야 하는 제도가 있었어. 이를 '책화'라고 해. 왕이 없으니, 부족의 영역이 더욱 중요했던 거야. 고구려처럼 10월에 '무천'이라는 제천 행사를 열기도 했단다.

한반도 남쪽의 삼한은 마한과 진한, 변한을 뭉뚱그려 부르는 이름이야. 그런데 마한, 진한, 변한도 저마다 여러 개의 나라가 있었단다. 이렇듯 수십 개의 나라가 모인 삼한의 가장 큰 특징은 부족장과 제사장이 다스리는 지역이 달랐다는 점이야.

혹시 단군왕검이 무슨 뜻이었는지 기억해? 맞아! 제사장(단군)+부족장(왕검). 그러니까 고조선은 종교와 정치가 하나로 통합된 제정일치 사회였던 거지. 여기에 비해 삼한은 종교와 정치가 분리된 사회였던 셈이야. 삼한에서는 제사장인 천군이 다스리는 지역을 '소도'라고 불렀는데, 여기에는 솟대를 세워 신성한 땅임을 표시했단다. 이곳에서 매년 5월과 10월, 1년에 두 번 제천 행사를 했대. 또 삼한은 땅이 비옥한 한반도 남쪽에 있어 벼농사가 발달했어. 그중에서도 변한은 철이 많이 생산되어 다른 나라에 수출하기도 했단다.

지금까지 고조선의 뒤를 이은 나라들의 모습을 살펴보았어. 내용이 많아서 좀 헷갈린다고? 물론 지금 당장 이런 내용을 다 외울 필요는 없어. 쌤이 한눈에 보기 좋게 표로 정리해놓을 테니까 생각날 때마다 찾아보라고~!

소도에는 범죄자가 숨어들어도 잡아갈 수가 없었대.

솟대

핵심 체크! 고조선의 뒤를 이은 나라들

부여	• 평야 지대 – 농경과 목축 발달 • 중앙은 왕, 동서남북은 마가, 우가, 저가, 구가라는 관리들이 통치 • 엄한 형벌(1책12법), 순장 풍습 • 12월 영고(제천 행사)
고구려	• 산악 지대 – 사냥 발달 • 5부족 연합체 • 서옥제(데릴사위제) • 10월 동맹(제천 행사)
동예 · 옥저	• 동해 근처 – 해산물 풍부 • 왕 없이 고구려의 영향력 아래 생활 • 옥저 – 민며느리제 • 동예 – 책화, 10월 무천(제천 행사)
삼한	• 수십 개의 나라로 이루어짐(크게는 마한+진한+변한) • 부족장과 별개로 제사장인 천군이 소도를 다스림(제정 분리 사회) • 5월과 10월에 제천 행사 • 벼농사 발달(변한은 철 수출)

삼국 시대

고구마, 백 개, 심자?

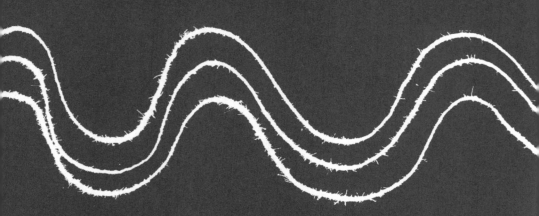

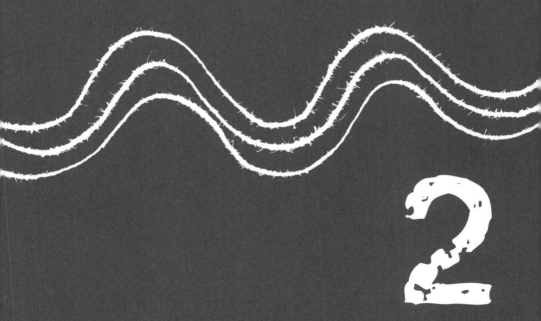

2

구쌤의 흐름 잡기

수십 개에 이르던 한반도의 나라들은 엎치락뒤치락, 물고 물리는 싸움을 벌이다가 결국 세 개의 나라로 통합되었어. 그리하여 한반도에는 삼국 시대가 시작되었지. 설마, 이 세 나라의 이름을 모르는 건 아니겠지? 고구려, 백제, 신라! 몰랐다면 '고구마, 백 개, 심자'로 외우면 간단해.

아, 삼국 시대 초기에는 가야도 있었는데, 아쉽게도 신라에 정복당하고 말았어. 우리나라에서 가장 오래된 역사책인 《삼국사기》에서는 삼국이 세워진 순서를 신라─고구려─백제라고 했지만, 대부분의 학자들은 고구려─백제─신라로 생각해. 하지만 전성기는 백제─고구려─신라 순서로 찾아와. 마지막으로 전성기를 맞은 신라가 여세를 몰아 삼국을 통일하게 된단다.

기원전 57년	→	신라 건국	
기원전 37년	→	고구려 건국	실제로는 고구려-백제-신라 순으로 건국된 것으로 보임
기원전 18년	→	백제 건국	

313년	고구려, 낙랑군 정복	
371년	백제, 고구려 평양성 공격	→ 백제의 전성기
372년	고구려에 불교 전래	
427년	고구려, 평양성 천도	→ 고구려의 전성기
433년	나제 동맹 성립	
494년	고구려, 부여 병합	
503년	신라, 국호와 왕호 정함	
562년	신라, 대가야 정복	→ 신라의 전성기

나라가 커졌어? 그럼 왕권도 커야지!

바로 앞 장에서 최초의 나라 고조선을 시작으로 부여, 고구려, 옥저, 동예, 삼한 등 수십 개의 나라가 줄줄이 사탕으로 들어섰다고 이야기했었지? 이 나라들은 서로 먹고 먹히는 과정을 거듭하며 강력한 몇 개의 나라로 통합돼.

어째서? 철기 시대가 시작되면서 농업 생산량이 늘어나니 인구가 증가해 다른 나라와 충돌하는 일이 잦아졌다고 했잖아. 거기에 철제 무기까지 발달했으니 전쟁을 통해 힘센 나라가 약한 나라를 정복하는 일이 벌어진 거야. 이런 과정을 통해 수십 개에 이르던 한반도의 나라들은 네 개의 나라로 통합되었단다.

고구려, 백제, 신라와 가야. 그런데 이건 단순히 나라만 커진 게 아니었어. 이전보다 왕의 힘이 강력해졌지. 앞에서 부여와 고구려를 설명할 때 관리들이 나라의 동서남북을 다스리고, 왕은 중앙만 다스렸다고 했지? 그런데 고구려 또한 나라가 점점 커지면서 왕권도 커져서, 나중에는 왕이 전국을 다스리게 되었어. 학자들은 이처럼 강력한 왕권을 갖춘 나라를 '고대 국가'라고 불러.

그렇다면 이제부터 우리 역사는 '사국 시대'에 들어선 걸까? 이거, 뭔가 어색하네. '삼국 시대'는 입에 착 붙는데 말이야. 맞아. 역사학자들은 이 시기를 삼국 시대라고 불러. 가야는 중간에 신라에 정복당하거든.

그런데 가야가 삼국 시대에서 빠진 이유는 이것만이 아니야. 고구려, 백제, 신라는 각각 강력한 권력을 가진 한 명의 왕이 다스린 왕국이었는데, 가야는 여섯 명의 왕이 여섯 개의 가야를 다스린 '연합 왕국'이었어. 보통 옛 나라들은 연합 왕국에서 고대 국가로 발전하는데 가야는 그걸 이루지 못하고 망해버렸지. 이 때문에 역사학자들이 가야를 삼국 시대에서 탈락시킨 거란다.

이 정도 금관은 써줘야 강력한 왕이라 할 수 있지 않을까?

신라 금관

삼국의 탄생! 고구마, 백 개, 심자?

그럼 지금부터 삼국의 탄생 과정을 살펴볼까? 고구려는 이미 앞에서 부여 출신이 세웠다고 설명했었지? 이때 부여에서 나와 고구려를 세운 사람이 동명성왕이야. 고구려 건국 신화를 보면 동명성왕의 이름은 주몽이었대. 성은 고씨. 주몽이란 이름은 활을 잘 쏘는 사람이란 뜻이래. 주몽의 아버지는 하늘에서 내려왔고, 어머니는 강의 신이 낳은 딸이라는데, 이건 아무래도 그만큼 훌륭하다는 걸 강조하기 위해 지어낸 이야기로 보여.

백제는 동명성왕의 아들인 온조가 세운 나라야. 아니, 아버지에 이어 아들도 새 나라를? 여기에는 사연이 있어. 동명성왕이 부여에 두고 온 맏아들 유리가 아버지를 찾아왔거든. 동명성왕은 고구려에서 새장가를 들어 온조와 비류라는 아들들을 두고 있었는데 말이야.

유리가 오는 바람에 왕위 계승에서 밀린 온조와 비류는 새로운 나라를 세우기 위해 한반도 남쪽으로 내려갔어. 온조는 한강 유역에, 비류는 인천 지역에 새로운 나라를 세웠는데, 비류의 나라는 곧 무너지고 온조가 세운 백제는 나날이 발전해 고구려와 어깨를 나란히 하게 되었단다.

백제와 달리 신라는 독자적으로 세워졌어. 경주의 옛 이름인 서라벌에 여섯 개의 마을이 있었는데, 어느 날 말 울음소리를 듣고 마을 촌장들이 가보니 박 모양의 알에서 사내아이가 태어났다는구나. 그래서 아이의 이름을 박혁거세로 짓고 자기들을 다스릴 왕으로 삼았대.

박혁거세가 알에서 태어났다는 건 믿기 어렵지만, 이 이야기를 통해 알 수 있는 것은, 신라는 마을 몇 개가 모인 아주 작은 나라로 시작했다는 것. 그런 까닭에 삼국 중에서 발전이 가장 늦었지.

어? 그런데 앞에 있는 연표에는 신라가 제일 먼저 건국된 것으로 되어 있네? 이건 고려 때 김부식이 지은 《삼국사기》라는 역사책의 기록인데, 사실로 믿기는 힘들어. 학자들은 김부식이 신라의 후손이어서 그랬다고 생각해. 하지만 삼국의 건국 연도를 기록한 것은 《삼국사기》가 유일하기 때문에 교과서에서도 일단 이 연도를 그대로 쓰는 거야.

삼국의 탄생

나라	고구려	백제	신라
시조	동명성왕(고주몽)	온조	박혁거세
지역	졸본(중국 지린 성)	한강 유역	경주

엎치락뒤치락 삼국 타이틀 매치

이제 삼국이 태어났으니 그 성장 과정을 알아봐야겠지? 이런 말 들어봤니? 애들은 원래 싸우면서 큰다! 삼국이 딱 그랬어. 작은 나라로 출발해 주변 지역을 정복하면서 성장한 국가들이라 모두 전쟁에는 선수들이었거든. 그러니 삼국의 발전 과정을 알려면 세 나라가 어떻게 엎치락뒤치락하며 싸웠는지를 알아야 해.

물론 삼국이 언제나 싸움만 한 건 아냐. 옛말에 싸우면서 정이 든다고 했던가? 삼국은 싸우기도 하고 교류도 하면서 우리 역사를 만들어나갔단다. 여기서 기억해야 할 것은 두 가지야. 먼저 삼국은 고구려 – 백제 – 신라의 순으로 자리를 잡았다는 것. 하지만 전성기는 백제 – 고구려 – 신라의 순서가 되었다는 사실이지.

가장 마지막으로 전성기를 맞았던 신라가 결국 삼국을 통일하게 된 거란다. 이 과정에서 여러 왕의 이름과 업적, 사건들이 나오는 거야. 우선 설명을 쭈~욱 하고 나중에 표로 정리할 거니까, 낯선 이름과 사건이 많이 나온다고 기죽지 말고 한번 읽어봐.

삼국의 발전

자리 잡기	고구려(1~2세기) → 백제(3세기) → 신라(4세기)
전성기	백제(4세기) → 고구려(5세기) → 신라(6세기)

동명성왕이 세운 고구려가 제대로 자리를 잡기 시작한 것은 1세기 후반, 태조왕 때 일이야. 당시 고구려는 옥저와 동예를 정복하고 중국까지 영토를 넓혔어. 그리고 2세기 후반 고국천왕 때는 이전까지 형제가 이어받던 왕위를 부자 상속으로 바꾸고, 관리들이 다스리던 지역을 왕이 직접 다스리기 시작했단다. 이것들은 모두 왕권을 강화하는 효과를 낳았지. 고구려가 완전히 자리를 잡은 것은 4세기 미천왕 때라고 볼 수 있어. 이때 한사군 중에서 마지막까지 남아 있던 낙랑군을 멸망시켰거든.

한강 유역에 자리 잡은 백제는 3세기 후반 고이왕 때 크게 성장했어. 이때 삼한 중 마한 지방의 중심 국가로 떠올랐지. 더불어 중국의 앞선 제도를 받아들여 나라의 틀을 갖추게 되었단다. 이때까지도 신라는 진한의 12개 나라 중 하나에 불과했어. 그러다 4세기 후반 내물왕 때부터 나라 꼴을 제대로 갖추기 시작했지. 이전까지 박, 석, 김 세 성씨가 돌아가면서 차지하던 왕위를 김씨가 독점하기 시작했거든. 그 결과 왕권이 강화되고 나라의 힘 또한 세졌어.

삼국의 자리 잡기

고구려	• 태조왕(1세기 후반) – 영토 확장(동예, 옥저, 중국 일부 정복) • 고국천왕(2세기 후반) – 왕권 강화(왕위 부자 상속, 왕이 전국 통치) • 미천왕(4세기 초반) – 낙랑 정복
백제	• 고이왕(3세기 후반) – 영토 확장(마한의 중심 국가), 중국 제도 수용
신라	• 내물왕(4세기 후반) – 왕권 강화(김씨의 왕위 독점)

삼국 중 가장 먼저 자리를 잡은 것은 고구려였지만 제일 빨리 전성기를 맞은 것은 백제였어. 4세기 근초고왕 때였지. 남쪽으로는 마한을 완전히 병합하고 북쪽으로는 고구려의 평양성을 공격해서 당시 고구려 왕이었던 고국원왕을 전사하게 할 정도였으니까.

또한 바닷길을 이용해 중국의 랴오시(요서) 지방과 산둥 반도, 일본의 규슈 지방까지 진출했단다. 한마디로 해양 강국이었던 셈이지. 아, 근데 랴오시 지방과 산둥 반도, 규슈 지방이 어디냐고? 그건 지도를 통해 확

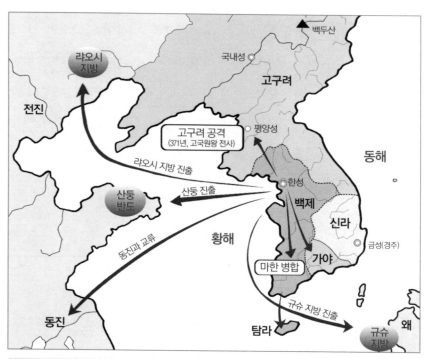

백제의 전성기(4세기 근초고왕) 바닷길을 통해 주변 국가로 진출한 점을 눈여겨볼 것!

인해볼까?

고국원왕이 전사하여 최대 위기를 맞이했던 고구려는 4세기 후반 소수림왕이 등장하면서 전성기를 향한 발걸음이 시작돼. 이를 위해 소수림왕은 중국으로부터 불교와 율령을 받아들였단다. 불교는 이전까지 믿는 종교가 제각각 달랐던 백성을 하나로 묶으면서 나라를 안정시켰어.

백성과 나라를 다스리는 기본 법령인 율령 또한 나라를 굳건히 하고 왕권을 강화하는 데 도움이 되었지. 이렇게 나라가 안정된 가운데 왕위에

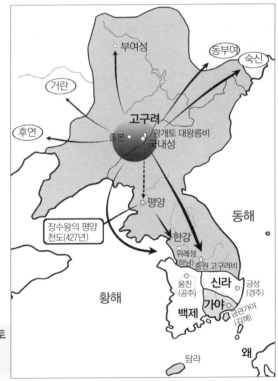

부여성

동부여

숙신

거란

후연

고구려

졸본 / 광개토 대왕릉비 / 국내성

평양

장수왕의 평양
천도(427년)

동해

한강

위례성
(한성) 중원 고구려비

웅진
(공주)

신라
금성
(경주)

황해

가야
금관가야
(김해)

백제

왜

탐라

고구려의 전성기(5세기 광개토 대왕~장수왕) 아, 이대로 삼국이 하나가 되었더라면?

오른 광개토 대왕은 이름 그대로 고구려 역사상 가장 넓은 영토를 정복했어. 당시 한반도 북쪽에 자리 잡고 있던 후연과 거란, 동부여 등을 무너뜨리고 고구려의 영토를 넓혔단다.

이렇게 광개토 대왕이 북쪽으로 영토를 넓혔다면, 그의 아들 장수왕은 남쪽으로 눈을 돌렸어. 수도를 국내성에서 평양성으로 옮기고 예나 지금이나 한반도에서 가장 중요한 곳인 한강 유역을 차지했지. 광개토 대왕과 장수왕이 연이어 왕위에 오른 5세기의 일이야.

원래 한강 유역에 있던 백제는 수도를 한성(지금의 서울)에서 웅진(충청남도 공주)으로 옮겨야 했어. 백제뿐 아니라 신라의 운명까지 바람 앞의 등불이 되었고. 그래서 두 나라가 손을 잡았는데, 이를 나제 동맹이라고 불러. (신)라－(백)제 동맹이란 뜻이야.

장수왕의 압박으로 제대로 꽃피워보지도 못하고 질 것만 같았던 신라에도 봄날은 왔어. 6세기에 이르러 지증왕과 법흥왕의 개혁을 바탕으로 신라의 전성기가 시작되었거든. 그런데 지증왕, 어디서 들어본 이름 같지 않아? 가끔 일본이 망언을 할 때면 방송을 타는 〈독도는 우리 땅〉이란 노래에 나오지. "지증왕 13년 섬나라 우산국～" 하는 가사 말이야. 지증왕 때 우산국으로 불렸던 울릉도가 신라의 영토가 되었다는 기록이 《삼국사기》에 있거든. 그러니까 이때 독도도 우리 영토가 된 거라고 볼 수 있지.

지증왕은 영토를 넓혔을 뿐 아니라 왕권도 강화했어. 어떻게? 신라 역사상 처음으로 '왕'이라는 호칭을 썼거든. 그전까지는 왕이 아니라 이사 금, 차차웅, 마립간이란 이름을 쓰고 있었지. 또 '신라'라는 나라 이름을 쓰기 시작한 것도 지증왕이 처음이었어. 이전에 신라는 사로국으로 불렸어. 법흥왕은 이름 그대로 '법을 흥하게 한 왕'이야. 고구려의 소수림 왕과 마찬가지로 불교를 공인하고 율령을 반포했어.

법흥왕의 뒤를 이은 진흥왕은 신라 전성기의 정점을 찍었어. 영토도 이

신라의 전성기 (6세기 진흥왕) 이때부터 100년쯤 뒤에 신라가 삼국을 통일하게 된단다.

때가 가장 넓었지. 북쪽으로는 고구려의 영토였던 함경북도 지방까지 진출했고, 한강 유역을 손에 넣었으며, 대가야를 마지막으로 가야를 모두 점령했으니까. 사실 한강 유역은 백제와 손을 잡고(나제 동맹) 점령했지만, 신라가 약속을 어기고 독차지해버린 거야. 이 과정에서 신라와 전쟁을 벌이던 백제 성왕이 목숨을 잃었고. 이렇게 삼국이 돌아가면서 전성기를 맞이했으니 역사는 공평하다고 말할 수 있지 않을까?

삼국의 전성기

백제	• 근초고왕(4세기 중반) – 영토 확장(마한 통합, 평양성 공격), 해외 진출(랴오시 지방, 산둥 반도, 규슈 지방)
고구려	• 소수림왕(4세기 후반) – 왕권 강화(불교 공인, 율령 반포) • 광개토 대왕(4세기 말~5세기 초) – 영토 확장(후연, 거란, 동부여) • 장수왕(5세기 전반) – 수도 이전(국내성 → 평양성), 영토 확장(한강 유역)
신라	• 지증왕(6세기 초반) – 영토 확장(우산국), 왕권 강화(국호와 왕호 교체) • 법흥왕(6세기 초반) – 왕권 강화(불교 공인, 율령 반포) • 진흥왕(6세기 중반) – 영토 확장(함경도, 대가야, 한강 유역)

빼먹지 말자, 가야

삼국과 함께했지만 삼국에 끼지 못한 가야에 대해서는 세 가지만 알면 돼. 아까 이야기했듯 강력한 권력을 쥔 왕이 전 국토를 다스리던 고대 국가로 발전하지 못하고 연합 왕국에 머물렀다는 것. 또 하나는 철이 풍부하게 생산되는 '철의 나라'였다는 것. 마지막은 낙동강과 남해를 끼고 있는 지리적 이점을 이용해 중국과 일본을 잇는 무역 중심지였다는 것.

가야는 여섯 개 나라가 연합한 국가였어. 금관가야, 대가야 등 모두 '~가야'라는 이름이 붙은 것이 특징이야. 가야를 세운 시조는 '김수로와 여섯 개의 황금 알'이었어. 어느 날 하늘의 계시를 받은 가야 사람들이 구지봉이란 산에 올라가 노래를 부르며 춤을 추었어. 그러자 하늘에서 여섯 개의 황금 알이 내려왔는데, 거기서 모두 사내아이가 태어나 각자 6가야의 왕이 되었대. 그중 제일 큰 알에서 태어난 사람이 금관가야를 다스린 왕이 김수로야. 영화배우 김수로 말고! 제일 큰 알에서 태어나서일까? 금관가야가 초기 가야 연맹의 중심 국가였다는구나.

가야 땅에는 철광석이 풍부했어. 그래서 우수한 철기를 만들 수 있었지. 거기다 낙동강이 지나고 있으니 물건을 옮기기 편리했고, 남해와 접해 있으니 외국과 교역하기도 쉬웠어. 더구나 가야는 중국과 일본의 중간 지점에 있었거든. 이렇게 가야는 철기 생산과 중계 무역으로 번영을 누렸지만, 고구려와 백제, 신라의 공격을 받아 크게 약화되었단다. 그 과정에서 금관가야가 먼저 멸망하고, 대가야가 가야의 새로운 중심 국가로 떠올랐지만 결국 신라에 무너지고 만 거야.

가야, 이것만 알면 끝!

1. 6개 나라 연맹 왕국 → 고대 국가로 발전하지 못해 삼국에서 탈락
2. 풍부한 철광석 → 삼국뿐 아니라 중국, 일본에도 수출
3. 지리적 이점(낙동강과 남해) → 중국, 일본 등 국제 무역 중심지

따로 또 같이, 삼국의 공통점과 차이점

지금까지 삼국과 가야의 탄생 및 발전을 살펴보았으니, 이번에는 나라마다 사람들이 살아가는 구체적인 모습에 대해 좀 더 알아볼까? 이건 삼국의 공통점과 차이점을 정리하면 머릿속에 쏙 들어올 거야.

여기서 기억해야 할 것은 삼국의 공통점 다섯 가지! 첫째, 신분제 사회였다는 것. 둘째, 불교와 도교를 믿었다는 것. 셋째, 유교를 정치 이념으로 삼았다는 것. 넷째, 큰 무덤을 만들었다는 것. 다섯째, 일본에 문화를 전파했다는 것. 그럼 지금부터 다섯 가지 공통점을 하나하나 파헤쳐보기로 하자.

우선 삼국 사회의 가장 큰 공통점은 모두 신분제 사회였다는 점이야. 신분제란 태어나면서부터 사회적 신분이 정해지는 제도를 말해. 대부분의 고대 국가들은 귀족, 평민, 천민으로 신분이 나뉘는데 삼국도 마찬가지였어.

그렇다면 왕은? 왕도 귀족의 일원이었지. 왕이 자식을 낳지 못하고 죽으면 귀족 중 한 명이 왕위를 이었으니까. 지배층인 귀족은 정치를 담당했어. 청동기 시대에 생겨난 지배층이 고대 국가에서는 귀족이란 이름으로 불린 거야. 귀족들은 많은 땅을 소유하고 평민과 천민들을 다스렸지. 당연히 큰 집에서 떵떵거리며 살았고.

피지배층은 평민과 천민으로 나뉘었어. 농민이 대부분인 평민들은 뼈가

빠지도록 농사를 지어 귀족들을 먹여 살렸어. 어디 그뿐이야? 큰 공사
가 있으면 돈도 받지 못한 채 일을 했고, 전쟁이 나면 목숨을 걸고 싸워
야 했단다. 천민들은 노비가 대다수를 차지했는데, 평민보다 더 비참했
어. 농사뿐 아니라 주인이 시키는 일은 뭐든 해야 했으니까.

삼국의 신분제 중에서도 가장 복잡하고 엄격한 것이 신라의 골품제였
어. 뼈 골(骨)에 품질 품(品), 한마디로 뼈에도 품질(등급)이 있다는 말이
야. 신라에서는 평민뿐 아니라 귀족들도 골품에 따라 여러 등급으로 나
누어서 입는 옷, 사는 집, 오를 수 있는 관직 등을 엄격히 정해놓았단다.
골품제에서는 성골과 진골 그리고 육두품을 기억해야 해. 성골과 진골은
왕이 될 수 있는 고위 귀족, 육두품은 출세가 제한된 하위 귀족이야. 육

신라 귀족의 뼈는
이렇게 훌륭한 뼈단지에
들어간단다~.

신라 뼈단지

두품의 불만은 나중에 신라가 무너지는 데 일조하기도 했어.

신분제 다음으로 살펴볼 것이 불교와 도교. 인도에서 태어난 불교는 중국을 거쳐 한반도에 들어왔어. 앞서 이야기한 대로 불교는 왕권을 강화하기 위해 적극 도입되었지. 그러니까 불교의 도입 시기를 보면 삼국의 왕권이 강화된 순서를 알 수 있어. 이건 삼국이 자리를 잡은 순서와 같아. 고구려-백제-신라 순이지.

특이한 점은 고구려와 백제에서는 불교가 들어오자마자 국가의 공인을 받았는데, 신라는 귀족들이 반대해 불교가 들어온 지 한참 뒤에야 공인을 받을 수 있었다는 점이야. 왜 그랬을까? 아까 쌤이 설명한 삼국의 탄생 과정을 살펴보면 그 이유를 알 수 있어.

고구려와 백제는 외부에서 온 세력이 나라를 세웠다고 했지? 고구려는 부여, 백제는 고구려에서 갈려나간 사람들이 만든 나라니까. 당연히 귀족들도 외부 세력이 대부분이었지. 때문에 이들은 외부에서 새로운 종교가 들어오는 것에 대한 거부감이 없었어. 오히려 외부의 종교가 피지배층을 다스리기에는 더 편했지.

하지만 신라는 달랐어. 신라의 귀족들은 원래부터 있던 고유 종교를 믿고 있었거든. 그걸 통해 백성을 다스렸고. 그러니 새로운 종교에 대한 거부감이 있었던 거야. 더구나 그 종교가 왕권을 강화하니까 더더욱. 왕권이 강화되면 자연스럽게 귀족의 힘은 약해졌으니까. 하지만 신라의 귀족들도 시대의 흐름을 거부할 수 없었어. 결국 신라도 법흥왕 대에 이르러 불교를 공인하게 되었단다.

삼국의 불교 도입과 공인

고구려	• 소수림왕(372년) 때 중국 전진에서 순도가 전래
백제	• 침류왕(384년) 때 중국 동진에서 마라난타가 전래
신라	• 눌지왕(457년) 때 고구려의 묵호자가 전래 • 법흥왕(527년) 때 이차돈의 순교를 통해 공인

불교가 백성들을 하나로 묶어서 왕권을 강화한 반면, 귀족들은 도교를 더 좋아했어. 아, 그런데 도교가 뭐냐고? 불교는 인도에서 태어난 종교이고, 도교는 중국의 고유 종교야. 간단히 말하면 '신선 사상'이라고 할 수 있지. 신선이 누군지는 알지? 옛날 그림을 보면 하얀 수염을 기르고 호랑이나 학을 타고 다니는 도인 같은 사람이야.

신선의 가장 큰 특징은 불로장생(늙거나 죽지 않음)한다는 것! 그러니 귀족들이 도교를 좋아한 이유가 짐작이 가겠지. 먹고사는 게 힘든 평민이나 천민은 오래 살아봐야 뭐하겠어? 하지만 평소 잘 먹고 잘사는 귀족이라면 얘기가 다르지.

이처럼 귀족들이 좋아했던 도교는 그림이나 조각에도 큰 영향을 남기는데 옛날 유물 중에 신선, 봉황, 학, 호랑이, 용, 기린 같은 것들이 등장하

여기가 바로 신선이 사는 세상. 늙지도 죽지도 않는다네~.

백제 금동 대향로

면 도교의 영향을 받은 것으로 보면 돼. 예를 들어 백제의 산수 무늬 벽돌, 백제 금동 대향로, 고구려 고분 벽화의 사신도 같은 거지. 산수 무늬 벽돌이란 이름 그대로 산과 강물(바다)을 새겨 넣은 벽돌, 백제 금동 대향로는 백제 땅에서 발굴된 금동으로 만든 큰 향로야. 그렇다면 고구려 고분 벽화의 사신도는? 여기에 대해서는 좀 더 설명이 필요하겠군.

고분의 한자는 옛 고(古)에 무덤 분(墳). 한마디로 옛날 무덤을 말해. 하지만 역사에서 고분이라고 하면 일반적으로 고대 국가에서 만든 큰 무덤을 가리켜. 청동기 시대 지배층의 무덤인 고인돌이 발전한 것이라고 볼 수 있지.

삼국은 모두 커다란 고분을 만들었는데, 나라마다 시대별로 방식이 조금씩 달랐단다. 고구려 고분은 '굴식 돌방무덤'이야. 이것도 이름에 그 방식이 다 나와 있어. 돌로 방을 만들고 그 위에 흙을 쌓은 다음 밖으로 나오는 굴을 만들었지. 오른쪽 그림을 보면 확실히 알겠지?

이렇게 돌로 널찍한 방을 만들고 나서 사방에다 벽화를 그린 거야. 그중에서도 사신도는 동쪽에 청룡, 서쪽에 백호, 남쪽에 주작, 북쪽에 현무를 그려 넣은 것이지. 이것들은 모두 도교에서 동서남북을 지키는 신이야. 따라서 고구려 고분 벽화의 사신도는 도교의 영향을 받은 것이지. 고구려 출신들이 세운 백제의 고분도 이런 방식이었단다.

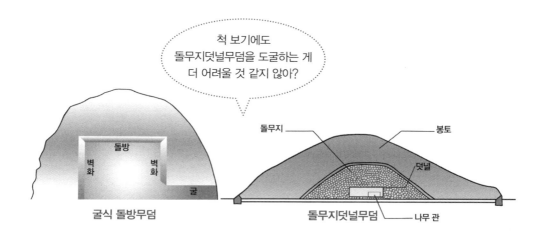

척 보기에도
돌무지덧널무덤을 도굴하는 게
더 어려울 것 같지 않아?

돌방
벽화 벽화
굴

굴식 돌방무덤

돌무지 봉토
덧널
돌무지덧널무덤 — 나무 관

하지만 신라는 돌무지덧널무덤이 주종을 이루었어. 나무로 관을 만든
다음 그 위에 덧널을 대고, 다시 그 위에 돌을 쌓아 돌무지를 만든 뒤 흙
을 덮었지. 이것도 위의 그림을 보면 쉽게 알 수 있을 거야.

이렇게 삼국의 백성들은 불교를 믿고 귀족들은 도교를 좋아했지만, 정
치적으로는 유교를 받아들였어. 왜냐? 충과 효를 강조하는 유교 이념이
백성들을 다스리는 데 딱이었거든. 그래야 백성들이 왕의 말을 잘 들을
테니까 말이야.

공자와 맹자가 창시한 유교는 일반 종교와 달리 학문적인 성격이 더 컸
어. 그래서 유학이라고도 불러. 삼국은 일찍부터 교육 기관을 만들어 백
성들에게 유학을 가르쳤단다. 고구려는 중앙에 태학, 지방에는 경당을
설립했고, 백제는 오경박사를 두어 유교 경전을 가르쳤대. 물론 신라에
서도 유학은 필수였지. 화랑이 반드시 지켜야 하는 계율인 세속 오계 중

첫 번째가 '임금에게 충성'인 것만 봐도 알 수 있어.

이제 마지막으로 삼국이 일본에 문화를 전파한 것을 살펴보자. 지리적 위치로 보나 당시 문화의 수준으로 보나, 중국의 앞선 문화가 한반도를 거쳐 일본으로 가게 되었지.

삼국 중에서 일본과 가장 가까웠던 백제는 불교와 유교를 전했어. 불상과 절을 만드는 방법, 한자와 유교 경전 등도 전해주었지. 일본 역사책

백제의 금동 미륵보살 반가 사유상   일본의 목조 미륵보살 반가 사유상

에도 백제의 아직기와 왕인이 일본 왕실의 스승이 되어 유교를 가르쳤다는 기록이 있어. 고구려의 승려 담징은 종이와 먹을 전해주었을 뿐 아니라 '호류사'라는 절의 금당 벽화를 그렸단다. 신라는 배와 도자기 만드는 기술 등을 전해주었고.

자, 지금까지 삼국의 사회와 문화에 대해 살펴보았어. 그러고 보니 삼국은 비슷하면서도 다른 문화를 가졌구나. 근데 내용이 많아 조금 헷갈린다고? 걱정하지 마! 쌤이 한눈에 볼 수 있게 정리한 표를 만들었으니까. 이거 한번 쓱 보고 나서, 삼국 통일로 넘어가자고. 이것 또한 지금 당장 외울 것까지는 없으니 일단 이런 것들이 있다는 것만 기억하고, 나중에 필요하면 다시 찾아보도록.

따로 또 같이, 삼국의 사회와 문화

구분	고구려	백제	신라
신분제	귀족 – 평민 – 천민, 신라의 골품제가 가장 복잡		
불교와 도교	왕과 백성은 불교, 귀족은 도교. 삼국 중 신라가 가장 늦게 불교 공인		
고분	굴식 돌방무덤	고구려와 비슷	돌무지덧널무덤
유교	중앙은 태학, 지방은 경당	오경박사	세속 오계
일본에 문화 전파	종이와 먹(담징)	불교와 유교 (아직기, 왕인)	배, 도자기 제작 기술

3

통일 신라와 발해

남북한? 남북국!

구쌤의 흐름 잡기

하루가 멀다 하고 벌어지던 삼국의 싸움은 결국 신라의 삼국 통일로 끝났어. 한반도의 절대 강자였던 고구려가 거듭되는 중국과의 전쟁으로 힘이 빠져버렸거든. 그래서 탄생한 것이 바로 통일 신라야.

그럼 지금부터 통일 신라 시대가 시작되는 것이냐고? 그게 그렇지 않아. 한반도 북쪽에는 고구려를 이어받은 발해가 태어났거든. 남쪽의 통일 신라와 북쪽의 발해, 이제부터 우리 역사는 남북국 시대로 접어들게 된 거야.

한편 통일 이후 전성기를 맞았던 신라는 귀족들의 권력 싸움으로 혼란이 시작되었어. 이 와중에 후백제와 후고구려가 세워지면서 한반도는 후삼국 시대의 혼란 속으로 빠져들게 된단다.

612년	살수 대첩(고구려 vs 수나라)
645년	안시성 전투(고구려 vs 당나라)
660년	백제 멸망
668년	고구려 멸망
676년	당나라 축출 → 신라의 삼국 통일
698년	발해 건국 → 남북국 시대
771년	성덕 대왕 신종(에밀레종)
828년	장보고, 청해진 설치
892년	견훤, 후백제 건국
901년	궁예, 후고구려 건국 → 후삼국 시대

어딜 덤벼? 수와 당!

삼국의 통일은 고구려가 중국의 수나라와 전쟁을 벌이는 데에서 시작
돼. 수나라뿐 아니라 그 뒤를 이은 당나라와도 전쟁을 벌인 고구려는 빛
나는 승리에도 불구하고 국력이 크게 소모되었단다. 이런 상태에서 신
라가 당나라와 손잡고 백제와 고구려를 차례로 무너뜨리면서 삼국 통일
을 이루지. 그 과정에서 살아남은 고구려의 유민들이 발해를 세우게 되
었고.

자, 이렇게 큰 흐름을 머릿속에 담아놓고 자세한 이야기를 살펴보자. 먼
저 수나라의 등장부터 시작해볼까?

우리의 삼국 시대, 그중에서도 신라가 전성기를 맞는 6세기 후반, 여러
나라로 분열되어 있던 오랜 혼란기를 끝내고 수나라가 중국을 통일했
어. 중국이 여러 나라로 나뉘어 자기들끼리 싸우느라 바쁠 때는 한반도
의 삼국과 사이가 좋았는데, 막상 통일이 되니 상황이 달라졌지.

중국 통일을 이룬 수나라는 주변 나라들을 호시탐탐 노리게 되었어. 특
히 중국과 맞닿아 있던 고구려와는 사사건건 부딪쳤단다. 그런데 선수

를 친 것은 고구려였어. 수나라와의 전쟁을 피할 수 없다고 판단한 영양
왕이 중국의 랴오시 지방을 먼저 공격했지. 그러자 당시 수나라 황제였
던 문제는 30만 대군을 파견했는데, 고구려는 이를 잘 막아냈어.

이후 새로 수나라의 황제가 된 양제는 무려 100만이 넘는 대군을 보내
고구려를 침공했지. 군사가 너무 많아서 출발하는 데만 40일이 걸릴 정
도였대. 결과는? 고구려의 완승! 이때 바로 그 유명한 '살수 대첩'이 벌

수나라든 당나라든
오기만 하라 이거야!

살수 대첩

어진 거야. 고구려의 을지문덕 장군이 살수(청천강)에서 수나라의 선발대 30만 명을 거의 전멸시켜버렸지. 이 치명적인 패배로 수나라는 결국 멸망의 길로 들어서게 되었단다.

수나라의 뒤를 이은 당나라는 처음엔 고구려와 좋은 관계를 맺었어. 나라가 새로 생긴 직후라 자리를 잡는 것만으로도 정신이 없었거든. 하지만 어느 정도 나라가 안정되자 고구려를 노리기 시작했지. 고구려 또한 천리장성을 쌓는 등 중국과의 전쟁에 대비했단다.

이 무렵 고구려에서는 연개소문이 쿠데타를 일으켜 정권을 잡았어. 당나라는 이를 핑계 삼아 쳐들어왔지만, 고구려 국경을 지키는 안시성에서 딱 막혀 두 달이나 고전하다 결국 물러나고 말았어. 이때 당나라 황제였던 태종이 직접 군대를 지휘했는데, 전하는 이야기에 따르면 화살을 맞아 한쪽 눈을 잃었다고 해.

이번 전쟁도 고구려의 승리! 그런데 대규모의 전쟁이 이어지면서 고구려의 힘도 많이 약해지고 말았단다. 상처뿐인 영광이라고나 할까?

아쉽다, 삼국 통일!

고구려가 당나라와 전쟁을 벌일 즈음, 백제를 다스리고 있던 의자왕은 신라를 공격하기 시작했어. 대략 100년 전 나제 동맹을 맺고 고구려의 한강 유역을 되찾았지만, 신라가 약속을 어기고 한강 유역을 차지한 것에 대한 복수를 시작한 셈이지. 여러 번의 공격으로 신라는 큰 피해를 입었어.

다급해진 신라는 고구려에 도움을 요청했지만 거절당했지. 고구려의 입장에서는 자기 땅이었던 한강 유역을 차지한 신라가 곱게 보일 리 없잖아? 오히려 고구려는 백제와 손잡고 신라를 공격했어. 위기에 빠진 신라의 선택은? 고구려와 전쟁을 치렀던 당나라와 손을 잡는 것! 원래 적의 적은 친구가 되는 법이거든. 그래서 맺어진 것이 신라와 당나라의 나당 동맹이었어. 이때 나당 동맹을 주도했던 신라의 김춘추는 태종 무열왕이 되어 처남인 김유신과 함께 전쟁 준비를 서둘렀지.

나당 연합군이 먼저 공격한 나라는 백제였어. 마침 그 무렵 의자왕이 정치를 잘못해서 백제가 혼란스러웠거든. 백제의 명장 계백이 황산벌에서 결사대를 이끌고 끝까지 저항했지만, 결국 김유신에게 패하면서 백제는 멸망하게 되었단다. 이때가 660년. 온조가 나라를 세우고 700년 가까이 이어지던 백제가 역사의 뒤안길로 사라진 거지.

다음 공격 목표는 고구려. 하지만 고구려는 결코 만만한 상대가 아니었어. 수나라, 당나라와의 연이은 전쟁으로 나라가 쇠약해져 있었음에도 나당 연합군의 공격을 잘 막아냈지. 그런데 진짜 위기는 바깥이 아니라 안에서부터 시작되었어. 강력한 카리스마로 고구려를 다스리던 연개소문이 죽자, 그 아들들이 서로 정권을 잡으려고 싸움을 벌인 거야. 나라는 혼란에 빠졌고, 이 틈을 타 나당 연합군은 고구려를 멸망시키고 말았단다.

고구려는 멸망했지만 신라의 삼국 통일은 끝난 것이 아니었어. 당나라가 처음 약속을 어기고 한반도 전체를 손아귀에 넣으려 했거든. 백제 땅에는 웅진 도독부를, 고구려에는 안동 도호부를 세워서 두 지역을 모두 당나라의 지배 아래 두려고 했지. 여기서 신라는 절묘한 작전을 구사해. 고구려와 백제의 부흥 운동을 벌이는 세력들과 손잡고 당나라와 전쟁을 벌인 거야. 부흥 세력의 입장에서는 당장 자기들을 다스리는 것이 당나라였으니까 가능한 일이었지.

결국 신라는 당나라를 몰아내고 삼국 통일을 이루었단다. 하지만 삼국 통일을 이룩한 '통일 신라'의 영토는 한반도의 반쪽에 불과했어. 원래 고구려 영토까지 생각하면 반의 반도 안 되는 셈이지. 신라의 삼국 통일이 아쉬울 수밖에 없는 이유야. 그래도 너무 안타까워하지는 마. 한반도 북쪽에서 고구려의 유민들이 새로운 나라를 세웠으니까.

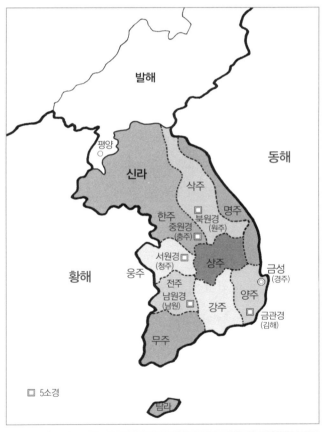

통일 신라의 영토 신라는 통일 후 전국을 9주 5소경으로 나눴어.

지금은 남북국 시대

고구려가 무너졌지만 여기저기서 나라를 다시 세우려는 노력들이 벌어졌어. 그중에는 랴오시 지방의 고구려 유민들도 있었단다(랴오시 지방이 어딘지는 58쪽 지도를 볼 것). 랴오시 지방은 원래 고구려의 영토가 아니었는데, 당나라가 강제로 고구려 사람들을 이곳으로 이주시킨 거지. 고향을 떠나 조국을 멸망시킨 원수 나라의 땅에 왔으니 생활이 얼마나 고달팠겠어?

그런데 이 지역에는 고구려 유민뿐 아니라 거란족과 말갈족도 중국 한족의 지배를 받으며 살고 있었어. 혹독한 한족의 지배 때문에 모두 불만을 품고 있었는데 때마침 이 지역에서 거란족의 반란이 일어나자 고구려 장군 출신인 대조영이 고구려 유민을 이끌고 만주로 갔어. 당시 만주는 당나라의 지배가 미치지 않았거든.

한데 대조영의 지도력은 정말 대단했나 봐. 중국의 지배를 벗어나고 싶어 하던 말갈족까지 대조영을 따라나선 걸 보면 말이야. 만주의 동모산에 도착한 대조영은 고구려 유민과 말갈족까지 끌어들여 새로운 나라 발해를 세웠단다. 발해와 통일 신라, 이제 비로소 삼국 시대가 끝나고 남북국 시대가 시작된 거야.

삼국 시대에서 남북국 시대로~!

(삼국 시대) **수·당나라의 고구려 침략** →

고구려 승리했으나 국력 소모 →

백제의 신라 침공 → **신라와 당나라 동맹 결성** →

나당 연합군의 백제 공격 → **백제의 멸망** → **고구려의 내부 분열** →

고구려의 멸망 → **신라와 당나라의 전쟁** →

통일 신라 성립+발해 건국(남북국 시대)

발해는 어떤 나라였을까? 우선 세 가지만 기억하면 돼. 첫째, 고구려를 계승했다는 것. 둘째, 고구려보다 더 큰 영토를 차지한 전성기에는 '해동성국'으로 불렸다는 것. 셋째, 신라와 때로는 경쟁하고 때로는 협력하면서 남북국 시대를 이끌었다는 것. 어때, 무지 쉽지?

이 세 가지를 조금 더 자세히 설명해볼게. 발해가 고구려를 잇는 나라였다는 것은 여러 가지로 확인할 수 있어. 지배층은 대부분 고구려 출신이었고, 발해 왕들도 스스로를 '고구려 국왕'이라 불렀으며, 고구려 문화를 기본으로 다른 문화들을 섞어 스스로의 문화를 발전시켰다는 것 등등.

해동성국은 '바다 동쪽의 강성한 나라'라는 뜻이야. 발해가 처음에는 신라, 당나라와 적대적인 관계였다는 것은 쉽게 예상할 수 있어. 두 나라가 손잡고 고구려를 멸망시킨 기억이 생생했을 테니까. 하지만 국제 관계에서는 영원한 적도, 영원한 친구도 없는 법. 시간이 지나면서 발해는 당의 앞선 문물을 받아들이고, 신라와도 교류를 시작했단다. 발해는 다섯 개의 교통로를 이용해 당나라와 신라, 일본, 거란 등 주변 국가들과 교류했는데, 이건 지도를 보면 쉽게 이해할 수 있어.

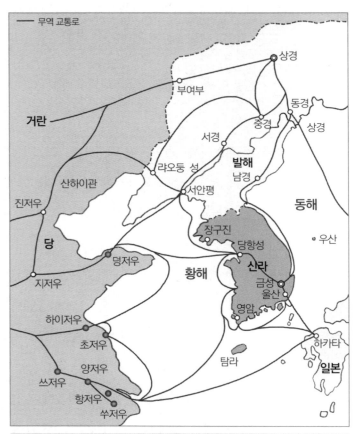

남북국 시대 교역로 도시 이름은 외울 필요 없어~.
이렇게 다양한 루트를 통해 교류했다는 것만 기억해두라고!

간단 정리, 발해의 디테일

지금까지 발해의 성립 과정과 특징 등 큰 흐름을 살펴보았으니, 이제부터는 세부 사항을 좀 챙겨볼까? 이건 나중에 시험 볼 때 필요하니까, 지금은 쓱 보고 필요할 때 다시 확인하면 돼.

우선 발해의 중앙 조직은 3성 6부, 지방 조직은 5경 15부 62주로 구성되었어. 3성 6부는 왕을 도와 나라를 다스리는 조직이야. 3성은 귀족들의 합의 기구인 정당성, 왕의 명령을 전달하는 중대성, 신하들의 의견을 왕에게 올리는 선조성을 말해. 6부는 오늘날의 건설교통부, 국방부, 외교부 같은 정부 조직들이야. 이것들의 이름까지는, 글쎄…… 일단 통과.

사실 3성 6부에서 더 중요한 것은 이러한 정치 제도가 당나라 때 완성되어 발해뿐 아니라 고려와 조선까지도 영향을 미쳤다는 사실이야. 일반적으로 3성은 정책을 결정하는 기관이고, 6부는 그걸 실행하는 부서라고 보면 돼.

다음은 지방 조직. 5경은 이름 그대로 다섯 개의 수도야. 요즘으로 치면

광역시라고 할까? 15부는 도, 62주는 군으로 이해하면 쉬워. 여기까지는 중앙에서 관리를 파견했지. 행정 조직의 말단, 그러니까 읍·면·동에 해당하는 촌락은 촌장이 다스렸는데 이들은 '도독', '자사', '수령'이란 이름으로 불렸대. 이들은 중앙 출신이 아니라 원래 그곳에서 대대로 자리를 잡고 마을 사람들을 다스리던 이들이었어.

어때? 고구려의 웅장한 기상이 느껴지지 않아?

발해의 장식 기와

다음은 문화. 발해는 고구려 문화를 계승하면서 당의 문화를 받아들였어. 예컨대 초창기 무덤은 전형적인 고구려의 굴식 돌방무덤이지만 나중에는 당나라 양식인 벽돌무덤이 도입되지. 고구려, 당나라 모두에서 유행한 불교 예술이 발해에서도 유행했어. 절과 불상, 탑과 석등이 많이 나왔단다. 말갈족이 대부분이었던 지방에는 그들의 문화가 남아 있었고.

마지막으로 대외 관계를 살펴볼까? 발해는 다섯 개의 교통로를 이용해 주변 나라들과 교류했어. 가장 중요한 이웃인 당나라에는 담비 가죽과 공예품 등을 수출하고 비단과 책을 수입했지. 또 많은 사람들이 당나라에 유학을 떠나기도 했단다. 당나라에서 외국인들을 대상으로 치른 빈공과에서는 발해와 신라 유학생들이 1등 자리를 놓고 다투기도 했다는구나. 일본은 한꺼번에 수백 명의 사절단이 오갈 정도로 중요한 이웃 나라였어. 이에 비하면 신라와는 교역이 덜한 편이었지.

한눈에 보는 발해

중앙 조직	3성 6부(정당성, 중대성, 선조성)
지방 조직	5경 15부 62주(중앙 관리 파견), 촌락(해당 지역 출신 촌장)
문화	고구려 문화를 기본으로 당의 문화를 받아들임. 지방은 말갈 문화. 불교 유행
대외 교류	다섯 개의 교통로를 이용해 당나라, 일본, 신라, 거란 등과 교류

전성기를 맞은 신라

삼국을 통일한 신라는 전성기를 맞았지. 나라는 안정되고, 경제는 좋아지고, 문화는 발달했거든. 이제는 백제의 공격도, 고구려의 위협도 없으니 나라가 안정되는 것이 당연했지. 발해와는 사이가 조금 껄끄러워도 서로 싸울 정도는 아니었으니까.

영토가 넓어지니 세금이 많이 걷히고 나라 살림이 좋아졌어. 먹고살 만하니까 문화와 예술이 발달했고. 이때 탄생한 것이 그 유명한 불국사(다보탑과 석가탑)와 석굴암, 성덕 대왕 신종(에밀레종)이야. 물론 문제가 아주 없었던 것은 아니야. 왕권을 강화하는 과정에서 귀족들의 반란이 일어났지만 이내 진압되었지.

나라가 전성기를 맞으니 문화도 활짝 피었구나.

불국사 다보탑

불국사 석가탑

지금부터는 발해처럼 통일 신라도 세부 사항을 체크해보자. 우선 국가 교육 기관인 '국학'을 세워 국왕에 충성하는 관리들을 길러냈고, 왕명을 전달하던 기관인 집사부의 기능을 강화하면서 왕권 또한 강해졌어. 그러면서 왕의 측근 관직인 시중이 뜨고, 귀족 대표인 상대등의 권한은 약화되었지. 또 전국을 아홉 개의 지방으로 나누고 다섯 개의 작은 수도를 두어서 효과적으로 다스렸어(이걸 '9주 5소경'이라고 불러). 군사 조직도 새로 바꾸어 중앙에 9서당, 지방에 10정을 두었어. 이전에 귀족에게 주던 녹읍 대신 관리들에게만 관료전을 지급했지. 녹읍은 세습이 가능하지만 관료전은 관리직을 그만두면 반납해야 했어. 그러니 이건 무슨 뜻? 귀족의 힘이 약해지고 왕권이 세졌다는 뜻!

왕권은 상수리 제도를 통해서도 강화되었어. 상수리 제도란 지방 귀족의 자제를 일정 기간 수도에 머물게 하는 제도야. 한마디로 '시한부 인질'이라 할 수 있지. 당연히 그 기간 동안 지방 귀족은 딴마음을 품지 못했어. 통일 신라의 디테일도 표로 정리했으니 궁금할 때마다 찾아보도록.

한눈에 보는 통일 신라

국가 교육 기관	• 국학
왕권 강화 정책	• 집사부(시중) 뜨고 상대등 약화 • 녹읍 대신 관료전 지급 • 상수리 제도
행정 조직	• 9주 5소경
전성기 문화	• 불국사(다보탑과 석가탑), 석굴암, 성덕 대왕 신종(에밀레종)

후삼국의 혼란 속으로

어찌 보면 나라도 사람과 같아. 태어나 아장아장 걷다, 펄펄 뛰어다니다, 지팡이를 짚고 비실비실하다 결국 숨을 거두는 과정이 말이야. 통일신라도 마찬가지였어.

통일 이후 전성기를 맞았던 신라는 8세기 후반에 접어들면서 혼란기가 시작되었지. 그 신호탄은 귀족끼리의 권력 싸움이었어. 누가 왕이 될 것인지를 둘러싸고 서로 죽이는 반란이 꼬리를 물었거든. 이건 150여 년 동안 무려 20여 명의 왕이 바뀌었다는 것만 봐도 알 수 있지. 평균 재위 기간 7.5년. 왕이란 자리가 보통은 죽어야 그만두는 것이니, 이렇게 짧은 재위 기간은 성공한 반란이 꼬리를 물었다는 것으로밖에는 달리 설명할 수 없어.

그런데 신라의 혼란은 예정되어 있던 것인지도 몰라. 통일 이후에도 신라의 귀족들은 철저하게 자기들끼리만 권력을 독점했거든. 그것도 성골과 진골로 대표되는 중앙 귀족들끼리만. 통일 이후 나라 살림이 좋아졌지만, 지방 귀족들이나 일반 백성들에게는 떡고물조차 돌아가지 않았어. 중앙 귀족의 사치와 향락은 하늘 높은 줄 몰랐고.

그러다 중앙 귀족의 수가 늘면서 자기들끼리 권력 다툼을 벌이자, 결국 지방 세력과 백성들의 불만이 폭발했지. 이때 지방 세력들은 스스로를 성주, 장군 등으로 부르면서 그 지역에서는 마치 왕처럼 행동했어. 완도에 청해진을 세우고 해상 무역로를 장악했던 장보고도 그중 한 명이라고 볼 수 있지. 신라 말에 등장한 이런 지방 세력을 '호족'이라고 부르는데, 이들 중 일부는 진짜로 나라를 세우기도 한단다. 옛 고구려 땅에서는 궁예가 후고구려를, 백제 땅에서는 견훤이 후백제를 세운 거야. 여기다 이제는 무늬만 통일인 신라까지 합해서 후삼국 시대가 시작되었지.

후삼국의 성립 역시 후고구려가 가장 크군.

고려 시대

코리아, 우리 겨레의 탄생

구쌤의 흐름 잡기

후삼국을 통일한 사람은 행운아 왕건이었어. 거기다 멸망한 발해 유민들까지 흡수하면서 고려는 우리 역사 최초로 진정한 통일 국가가 되었지. 태조 왕건이 죽으면서 잠시 혼란기도 있었지만, 광종과 성종이 나라의 기틀을 잡았어. 하지만 거란의 잇단 침략으로 흔들리고, 무신의 난이 벌어지면서 다시 혼란기에 빠지고 말아. 무신 정변 최후의 승자였던 최충헌이 정권을 잡고 대를 이어 집권했지만, 몽골의 침략으로 무너지면서 '원 간섭기'가 시작되었지. 공민왕이 원의 간섭에서 벗어나려고 여러 가지 개혁 정책을 펼쳤지만 아쉽게도 실패. 고려 말 새로운 영웅으로 떠오른 이성계가 고려를 무너뜨리고 조선을 세우게 된단다.

미리 보는 연표

918년	왕건, 고려 건국	
926년	발해 멸망	
936년	고려, 후삼국 통일	고려 시대
956년	노비안검법 실시(광종)	고려의 기틀 잡기 (광종, 성종)
993년	서희, 외교 담판	거란의 침략
1019년	귀주 대첩	
1126년	이자겸의 난	
1135년	묘청, 서경 천도 운동	
1170년	무신의 난	무신 정권 시대
1231년	몽골 침략	
1270년	고려, 몽골에 항복	원 간섭기
1388년	위화도 회군(이성계 집권)	
1392년	고려 멸망, 조선 건국	조선 시대

행운아 왕건, 후삼국을 통일하다!

왜 행운아냐고? 고려를 세우고 후삼국을 통일하기까지, 왕건은 정말 운이 좋았거든. 왕건은 원래 송악(지금의 개성) 지방의 호족이었어. 궁예의 세력이 커지자 그의 신하가 되어 많은 공을 세웠지. 덕분에 궁예의 후고구려는 후삼국 중에서 가장 크게 세력을 키울 수 있었어.

그러자 궁예는 나라 이름을 태봉으로 바꾸고 스스로를 미륵불이라고 불러. 미륵불이란 불교에서 미래에 나타나 중생을 구원한다고 믿는 부처님이야. 기독교식으로 말하면 재림 예수라고나 할까?

행운도 실력이라고!

왕건

하여간 자신은 미륵불이라 다른 사람의 마음을 꿰뚫어본다고 하면서, 궁예는 많은 이들을 반란 혐의로 죽이기 시작했어. 부인과 자식들까지 말이야. 불안해진 왕건은 선수를 쳤어. 궁예를 몰아내고 고려를 세운 거야. 그러면서 궁예와는 정반대로 부드러운 모습을 보여주어 호족들과 백성들의 마음을 얻었지. 이렇게 보니 궁예가 스스로를 미륵불이라 부른 것이 왕건에게는 행운이 되었군.

궁예의 뒤를 이은 왕건의 라이벌은 후백제의 견훤이었어. 아무래도 나라를 세운 지 얼마 안 되는 왕건이 불리했지. 그런데 어느 날, 견훤이 왕건한테 투항을 해왔어. 어라? 우째 이런 일이? 알고 봤더니 견훤이 넷째 아들에게 왕위를 물려주려다가 큰아들에게 감금을 당했던 거야. 겨우 탈출해서 왕건한테 투항을 한 것이었지. 이건 뭐, 호박이 덩굴째 굴러온 것이나 마찬가지지.

거기다 얼마 안 있어 신라의 경순왕도 신라를 받아달라면서 항복을 해왔어. 이거 정말 행운의 연속이었지. 하지만 여기에는 왕건의 전략도 한 몫을 했어. 신라를 괴롭힌 견훤과 달리, 왕건은 신라에 계속 우호적이었거든. 어쨌거나 왕건은 견훤을 앞세워 손쉽게 후백제를 무너뜨리고 후삼국을 통일할 수 있었지.

그런데 왕건의 행운은 이게 전부가 아니었어. 해동성국이라 불리며 잘나가던 발해가 갑자기 멸망함으로써, 고려는 우리 역사상 최초의 통일 국가가 될 수 있었단다. 발해가 거란의 침략을 견디지 못하고 무너진

후, 발해의 왕자를 비롯한 수만 명의 유민들이 고려로 들어왔거든. 고구려를 잇겠다고 해서 이름부터 고려였으니, 실제로 고구려인의 후예인 발해 유민들을 흔쾌히 받아들였지. 덕분에 이때부터 진정한 의미에서의 우리 민족 문화가 시작되었단다.

어때? 이 정도면 '행운아'란 별명이 손색없을 정도로 행운의 연속이라고 할 수 있지 않아?

이곳에 견훤이 감금되었다가 탈출했대.

전라북도 김제의 금산사

또 하나의 통일 비결, 29명의 부인?

물론 왕건이 후삼국을 통일한 것은 운이 좋아서만은 아니었어. 사실 더 중요한 이유는 호족들과 백성들의 마음을 얻었기 때문이었지. 비결은? 29명이나 되는 부인! 중요한 호족 세력의 딸을 아내로 맞이함으로써 확실하게 관계를 맺었던 거야. 혼인할 딸이 없으면? 왕씨 성을 내리거나, 벼슬과 토지를 주기도 했지. 임금의 성씨를 하사받는 것은 가문의 영광이었거든.

또 세금을 줄이고 군대의 규율을 엄격히 해서 민심도 잡았지. 통일 이후에는 나라를 안정시키는 데 최선을 다했어. 신라를 무너뜨린 지방 세력을 다잡기 위해 사심관 제도와 기인 제도를 실시했고. 사심관 제도란 중앙의 관리를 사심관으로 임명해 자신의 출신 지역을 다스리게 한 거야. 지방 호족의 자식을 수도로 불러들여 머물게 한 것이 기인 제도인데, 이건 통일 신라의 상수리 제도와 비슷해. 이렇게 많은 업적을 남긴 태조 왕건은 후대 왕들이 꼭 지켜야 할 교훈인 '훈요십조'를 남기고 세상을 떠났단다.

광종과 성종의 나라 다지기

태조의 뒤를 이어 혜종이 즉위한 후 고려는 혼란에 빠졌어. 혜종이 맏아들이긴 했지만 외가 쪽 세력이 약했거든. 29명의 부인에게서 태어난 26명의 아들들은 저마다 자기가 왕이 되려고 싸움을 벌였지.

그 와중에 혜종의 침실에까지 자객이 침입하는 등 혼란이 끊이질 않았단다. 결국 혜종은 즉위하고 2년 만에, 그 뒤를 이은 정종도 3년 만에 병으로 세상을 떴어. 그리고 왕위에 오른 광종이 강력한 카리스마로 호시탐탐 권력을 넘보던 호족 세력을 휘어잡고 나라를 안정시켰지. 어떻게? 노비안검법과 과거 제도를 실시했거든.

노비안검법은 원래 양민이었다가 노비가 된 사람들을 다시 양민으로 만들어주는 법이야. 이를 통해 호족들의 중요한 재산이자 군사력이었던 노비들이 대거 해방되었고, 과거를 통해서는 왕에게 충성하는 관리들을 양성할 수 있었어.

광종은 스스로를 황제라 부르고 수도인 개경(송악→개경→개성이 되는 거야)을 황도라 부르면서 자신의 권위를 높였어. 황제만 정할 수 있는 연호도 정했고. 호족들은 당연히 반발했지만, 광종은 이들을 힘으로 찍어 눌러버렸단다.

광종이 세상을 뜨자 잠시 혼란에 빠지기도 했지만, 성종에 이르러 고려는 나라의 기틀을 갖추게 되었어. 성종은 신하 최승로가 건의한 '시무28조'를 받아들여 유교를 바탕으로 나라를 안정시켰지. 고려를 세우고 다진 태조와 광종, 성종의 업적을 간단히 정리하면 다음 표와 같아.

간단 정리! 태조, 광종, 성종의 업적

태조	호족과 백성의 마음을 얻음(사심관 제도, 기인 제도, 훈요십조)
광종	호족 세력을 누르고 왕권 안정(노비안검법, 과거 제도)
성종	유교를 바탕으로 나라 안정(최승로의 시무28조)

집중 해부! 고려의 제도와 조직

그럼 이제부터는 광종과 성종을 거치면서 안정을 찾은 고려의 모습을 살펴볼까? 이건 내용이 조금 많으니까 살짝 긴장해주시고~. 물론 지금 외울 필요는 없으니까 부담 없이 쓱, 한번 읽어봐주셔. 그럼 중앙 조직부터 시작해볼까?

고려도 발해처럼 당나라의 3성 6부 제도를 받아들였지만 자기들 사정에 맞게 살짝 바꿨어. 중서문하성과 상서성, 이·호·예·병·형·공의 6부로 구성된 '2성 6부' 체제를 만든 거야. 요즘의 국무총리와 비슷한 문하시중이 총괄하는 중서문하성은 최고의 의사 결정 기구였는데, 여기서 국가 정책을 결정하면 상서성에서 실행하는 시스템이었지.

6부는 상서성에 속해 있기 때문에 실제로 업무를 추진하는 부서라고 보면 돼. 그 밖에 국왕 비서실 역할을 한 중추원, 관리의 부정을 감시한 어사대, 회계를 맡은 삼사 등의 조직이 있었어. 흉년이 들면 가난한 백성들에게 곡식을 빌려주는 의창이란 기관도 있었고.

다음은 행정 조직. 신라가 전국을 9주 5소경으로 나눈 것처럼, 고려도 5도 양계로 나눴어. 전라도, 경상도, 서해도, 양광도, 교주도의 5도는 일반 행정 단위이고, 북계와 동계로 나뉜 양계는 군사 목적의 행정 단위였지.

도에는 안찰사, 계에는 병마사를 임명하고, 교통 요지에는 별도로 '목'을 설치하고 목사를 파견했는데, 이것이 우리 역사에서 최초로 파견된 지방 관리였어. 그전까지 지방 관리는 그 지역에서 대대로 살던 사람을 임명했거든. 이 밖에도 지방에는 '향, 소, 부곡'이라는 특수 행정 구역이 있었어. 이곳 주민들은 마음대로 다른 곳으로 갈 수 없었고, 세금도 더 많이 내야 했지.

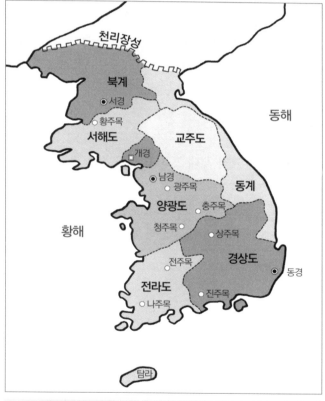

고려의 지방 행정 조직 신라는 9주 5소경, 고려는 5도 양계!

고려에서 관리가 되는 길은 두 가지였어. 과거와 음서. 과거는 시험이고, 음서는 추천 제도지. 물론 음서를 통해 관리가 될 수 있는 건 귀족만 가능했어. 고려 시대 과거의 특징은 무과 대신 승과가 있었다는 것. 무과는 무관을 뽑는 시험인데, 조선 시대에 이르러 시행되었어. 고려 시대의 무관은 무관 집안에서 대대로 추천을 통해 뽑았지.

승과는 승려를 대상으로 하는 과거 시험이야. 어라? 웬 승려? 고려 시대에는 승려에게도 관직을 주었거든. 관리들에게는 등급에 따라 토지를 분배했어. 이걸 제도로 만든 것이 전시과야. 전시과를 통해 받은 토지는 관직에서 물러날 때 반납하는 것이 원칙이었지만, 고위 관리에게 주던 공음전은 세습이 가능했어.

간단 정리! 고려 시대 조직과 제도

정치 제도	• 2성 – 중서문하성, 상서성 • 6부 – 이 · 호 · 예 · 병 · 형 · 공부 • 기타 – 중추원(국왕 비서실), 어사대(관리 감찰), 삼사(회계), 의창(구휼)
행정 제도	• 5도 양계 – 도에는 안찰사, 계에는 병마사 파견 • 12목 – 최초의 지방관인 목사 파견 • 향, 소, 부곡 – 특수 행정 구역
관리 등용	• 과거 – 문과(제술과, 명경과), 잡과(기술직), 승과(무과 없음) • 음서 – 귀족 대상의 무시험 관리 추천 제도 • 전시과 – 관리 등급에 따라 토지 분배(퇴직 시 반납 원칙, 공음전은 세습)

고려 시대 사람들은 어떻게 살았을까?

고려의 기본 제도와 조직에 대해 살펴보았으니, 지금부터는 고려 사람들의 생활 모습을 알아보자. 우선 기억해야 할 것은 고려가 신분 사회라는 사실! 삼국 시대를 설명하면서 고대 국가의 신분은 귀족 – 평민 – 천민으로 나뉘었다고 말했던 것, 기억나? 고려는 여기에다 중류층 하나만 더 넣으면 돼. 그러니까 고려 사람들은 귀족 – 중류층 – 평민(양민) – 천민으로 나뉘었던 거야.

고려의 귀족은 호족 세력이 중앙으로 진출하면서 만들어졌어. 이들은 음서를 통해 관직에 나아가고, 공음전을 대대로 물려받았으며, 중국에서 수입한 사치품으로 호화로운 생활을 했지. 귀족 중에는 권력을 쥐고 흔들 정도로 세력이 큰 가문들이 생겨났는데, 이들을 '문벌 귀족'이라고 해. 고려 시대는 이들 문벌 귀족의 세상이었다고 할 수 있어.

지방에 남아 있던 호족들은 중류층을 이루었어. 주로 중앙에서 파견된 관리를 돕는 일을 했는데, 이런 사람들을 '향리'라고 불렀지. 그 밖에 궁궐이나 관청에서 근무하는 하급 관리들도 중류층이 되었고. 평민은 양민이라고도 했는데, 농민이 절대다수를 차지했어. 그런데 여기서 주의할 것 하나! 고려 시대에는 농민을 백정이라고 불렀단다. 조선 시대에 오면 백정이 소를 잡고 고기를 파는 천민을 가리키는 말이 되니까 헷갈리지 마.

양민 중에는 상인과 수공업자도 있었어. 고려는 국제 무역항인 벽란도를 통해 여러 나라와 무역을 했거든. 중국, 일본은 물론이고 멀리 동남아시아와 아라비아 상인들까지 오갔단다. 이들을 통해 고려가 전 세계에 알려질 수 있었어. 바로 '코리아'라는 이름으로 말이야.

수공업자들은 주로 관청에 소속되어 물건을 만들었어. 가장 낮은 신분인 천민 중에는 노비가 가장 많았지. 노비는 관청이나 개인이 소유한 재산이었어. 인간적인 대접은 꿈도 못 꾸고 비참한 생활을 했지. 이 밖에도 소를 도살하는 양수척과, 재인이라고 부르는 광대 등도 천민에 포함되었단다.

간단 정리! 고려 시대 신분 제도

귀족	음서로 관직 진출, 공음전 등으로 호화 생활(문벌 귀족)
중류층	향리(지방 호족 출신), 하급 관리
평민(양민)	농민(백정), 상민, 수공업자 등
천민	노비, 양수척(도살업자), 재인(광대) 등

다음은 고려의 문화를 살펴볼까? 신라와 마찬가지로 고려 시대 문화의 가장 중요한 키워드는 '불교'야. 태조가 남긴 훈요십조 중 제1조가 '불교를 숭상하라'였으니 말 다했지. 부처님 오신 날에는 연등을 달았고, 11월에는 불교뿐 아니라 도교와 고유 신앙까지 결합한 팔관회를 열었단다. 특히 화려했던 팔관회는 돈이 너무 많이 들어서 문제가 될 정도였어.

고려 시대 불교의 흐름은 두 가지만 기억하면 돼. 의천의 천태종과 지눌의 조계종. 둘 다 불교를 하나로 묶으려는 노력이었는데, 고려 전기에는 의천이 천태종을 만들었고, 후기에는 지눌이 조계종을 만든 거야.

불교가 융성하면서 불교 예술이 발달했어. 전국 곳곳에 불상과 불탑이 세워졌지만, 뭐니 뭐니 해도 고려 시대 불교 예술을 대표하는 것은 불화(탱화)라고 할 수 있지. 금가루로 그리기도 했던 고려 불화는 지금 봐도 너무 아름답단다.

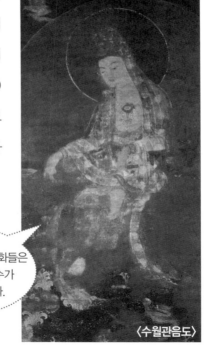

고려 시대 대표 불화들은 아쉽게도 상당수가 일본에 있단다.

〈수월관음도〉

이렇듯 불교를 떠나서는 고려의 예술을 생각하기 힘들지만, 고려 예술의 최고봉은 역시 고려청자야. 고려청자의 신비로운 푸른빛은 고려의 귀족뿐 아니라 중국 사람들의 눈까지 사로잡았지.

불교의 융성은 인쇄술을 발달시키기도 했어. 왜냐고? 부처님의 말씀을 담은 불경을 찍어내야 했으니까. 처음에는 나무판에 글자를 새긴 뒤 찍어냈는데, 나중에는 세계 최초로 금속 활자를 만들게 되었단다. 이때 만들어진 《직지심체요절》은 세계 최초의 금속 활자 책이지.

물론 불교가 고려 시대의 유일한 종교는 아니었어. 전에 말했듯이 유교는 정치 이념으로 자리 잡았고, 도교 또한 신선처럼 오래 살고 싶은 귀족들에게 인기였지. 백성들은 옛날처럼 산신과 마을신, 조상신을 모시기도 했고 말이야.

세계 최초의 금속 활자본! 아쉽게도 지금은 프랑스에 있어.

《직지심체요절》

거란의 침략, 삼세번!

광종과 성종을 거치면서 나라의 기틀을 다진 고려는 거듭되는 거란의 침략으로 흔들리기 시작해. 거란은 왜 세 번씩이나 고려를 침략한 것일까? 그 이유를 알기 위해서는 당시 고려를 둘러싼 주변 나라들의 움직임을 살펴봐야 해.

우선 거란부터. 아까 거란이 발해를 멸망시켰고, 고려가 발해의 유민들을 받아들였다고 이야기했었지? 고구려를 이은 고려의 입장에서는 고구려 유민이 세운 발해를 멸망시킨 거란과 사이가 좋을 리 없었지. 거란이 발해를 침략한 것은 사실 중국을 공격하기 위해서였어. 서쪽의 중국을 공격하기 전에 동쪽에 있는 발해부터 정리했다고 할까?

당시 분열되어 있던 중국은 송나라가 통일했고, 거란과 송나라는 계속 대립했거든. 그렇다면 고려의 선택은? 송나라와 손을 잡고 거란에 맞서는 것! 그래서 거란이 고려를 침략한 거야. 송나라와 관계를 끊고 자신들과 외교를 맺을 것을 요구하면서 말이야. 거기다 고구려를 이은 것은 자신들이므로, 옛 고구려 영토에 해당하는 고려 북쪽의 영토를 내놓으라고 했지.

이때 나선 것이 서희였어. 그는 군대를 이끌고 가는 대신, 수행원 몇 명만 데리고 적진으로 가서 거란 장수 소손녕에게 이렇게 이야기했어. "고구려를 이은 것은 거란이 아니라 고려다. 우리는 이름부터 고구려를 잇는다는 뜻으로 고려라 지었고, 수도 또한 옛 고구려 수도였던 평양에다 정한 것이다." 사실 고려의 수도는 개경이었지만 일부러 평양이라고 한 거야. 이건 꼭 거짓말이라고만은 볼 수 없어. 고려는 평양을 서경(서쪽 수도)라 부르면서 중시했거든. 그리고 덧붙였지. "우리도 거란과 국교를 맺고 싶지만 거란과 우리 사이에 여진족이 가로막고 있어 갈 수가 없다. 만약 우리가 여진족의 땅을 차지하는 것을 거란이 허락한다면, 거란과 외교 관계를 맺을 수 있다."

여진족은 고구려 유민과 함께 발해를 세운 말갈족의 후예인데, 당시 고려와 거란 사이를 막고 있었지. 그런데 왜 고려가 여진족의 땅을 차지하

서희의 담판

는 데 거란의 허락을 받아야 하는 걸까? 여진은 거란과 고려 사이에 일종의 완충 지대 역할을 하고 있었는데 고려가 여진족의 땅을 점령하면 자칫 거란을 자극할 수 있는 거였어. 만약 거란이 고려의 여진 정복을 인정한다면 안심하고 여진의 땅을 차지할 수 있었지. 당시 여진족은 아직 나라를 만들지 못할 정도로 세력이 약해서 고려의 상대가 되지 못했으니까.

이거, 거란 입장에서는 손해가 아닌가? 땅을 차지하러 왔다가 오히려 고려에 땅을 주는 꼴이 되었으니 말이야. 하지만 결과는 성공! 거란은 고려가 여진의 땅을 차지하는 것을 인정하고 물러났어. 물론 그 이후에는 자신들과 국교를 맺어야 한다는 조건을 달고서 말이야.

결국 고려는 여진족을 몰아내고 자신의 영토를 넓혔어. 이른바 '강동 6주'가 고려의 영토가 된 거야. 이는 거란의 의도가 무엇인지 정확히 파악한 서희의 작전이 맞아떨어진 거였어. 거란으로서는 여진족이 살고 있는 땅보다 고려가 송나라와 관계를 끊고 자신들과 교류하는 것이 훨씬 중요했으니까.

강동 6주를 얻은 고려는 거란과 교류를 시작했지만, 송나라와의 관계도 유지했어. 이를 알게 된 거란이 고려를 쳐들어와 개경까지 점령한 것이 제2차 침략이야. 때마침 고려에서 신하인 강조가 왕을 쫓아내는 일이 벌어졌는데, 거란은 이걸 핑계로 쳐들어왔지.

거란은 고려와 강화(평화) 조약을 맺고 철수했다가 강동 6주를 돌려달라며 세 번째로 쳐들어왔어. 하지만 10만 대군이 공격한 거란의 제3차 침입은 강감찬 장군의 귀주 대첩 때문에 실패하고 말아. 이렇게 거듭되는 전쟁으로 인해 고려도 거란도 힘이 빠져서, 마침내 고려와 거란, 송나라는 세력 균형을 이루게 된단다.

간단 정리! 거란의 고려 침략

	원인	결과
제1차 침략 (993년)	송나라와 국교를 끊을 것과 옛 고구려 땅을 요구	서희의 담판으로 강동 6주 획득
제2차 침략 (1010년)	강조의 쿠데타를 핑계로 침략	강화 조약 맺고 철수
제3차 침략 (1018년)	강동 6주 반환 요구	귀주 대첩으로 고려 승리 고려-거란-송나라의 세력 균형

거란의 침략을 막고 한숨 돌리니 이번에는 여진족이 말썽이었어. 이전까지 거란과 고려의 지배를 받던 여진족이 12세기 초부터 힘을 키우기 시작했거든. 이에 고려의 장수 윤관은 특수 부대인 별무반을 조직해 여진족을 몰아내고 동북 지방에 아홉 개의 성을 세웠지(동북 9성).
하지만 앞으로는 고려를 부모의 나라로 잘 모시겠다며 여진족이 사정하는 바람에 고려는 애써 만든 동북 9성을 돌려줬어. 그런데 이게 웬걸. 몇 년 지나지도 않아 여진족은 금나라를 세우고 거란의 요나라를 멸망

시킬 만큼 힘이 세진 거야. 상황 역전! 여진의 금나라는 고려에 군신 관계를 요구했어. 물론 금나라가 임금, 고려가 신하였지. 자존심 상하는 일이었지만, 당시 귀족끼리의 권력 다툼으로 힘을 잃은 고려는 이 조건을 받아들이고 말았단다.

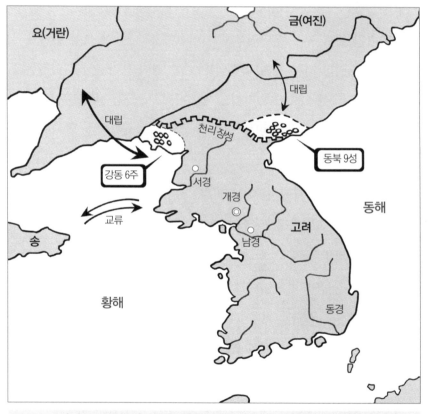

고려-거란(요)-여진(금)-송나라 사이의 국제 관계 서로 대립하거나 교류했던 나라들이 어딘지 알겠지?

무신의 난, 고려를 바꾸다

귀족끼리의 권력 싸움은 반란으로 이어졌어. 요나라와 군신 관계를 맺을 당시 이자겸이라는 문벌 귀족이 막강한 권력을 자랑하고 있었는데, 이에 위협을 느낀 인종이 이자겸을 제거하려고 했지. 한데 이걸 눈치챈 이자겸이 선수를 쳤어. 반란을 일으켜 궁궐을 불태우고는 반대 세력을 무자비하게 죽여버린 거야.

겨우겨우 반란이 진압된 뒤에는 수도를 옮길 것인가 말 것인가 하는 문제를 두고 싸움이 벌어져. 인종이 개혁 정치를 위해 발탁한 승려 묘청이 수도를 서경(지금의 평양)으로 옮기자고 했거든. 이자겸이 반란을 일으킨 것은 개경의 기운이 다했기 때문이라고 주장하면서 말이야.

개경을 중심으로 권력을 쥐고 있던 문벌 귀족들은 당연히 반대했지. 처음에 인종은 수도 이전을 결심했다가 나중에 마음을 바꿔. 그러자 이번에는 묘청이 서경에서 반란을 일으켰어. 이 반란 또한 진압되었지만, 고려의 혼란은 깊어만 갔지. 다시 권력을 잡은 개경 귀족들의 횡포가 점점 더 심해졌거든.

그렇게 30년 남짓 세월이 흐른 뒤, 이번에는 엉뚱한 곳에서 반란이 일어났어. 건국 이후부터 계속 차별 대우를 받아온 무신들이 들고일어난 거야. 아까 말했듯이 고려는 과거 시험에 무과가 아예 없을 정도로 무신들을 무시하고 문신들을 우대했거든. 거기다 문벌 귀족들의 횡포가 심해질수록 무신을 깔보는 일이 많아졌어. 나이 어린 문신이 노장군의 수염을 태우거나 뺨을 때리는 일도 벌어졌지.

1170년, 드디어 쌓이고 쌓였던 무신들의 분노가 결국 폭발했어. 결과는? 당연히 성공! 무신들이 뭉쳤는데 누가 감히 덤비겠어? 그런데 문제는 쿠데타가 성공하고 나서 이번에는 무신들끼리 권력을 잡기 위해 서로 죽이는 싸움이 이어졌다는 것. 이의방을 시작으로 정중부-경대승-이의민까지 이어지다가 최충헌에 이르러서야 겨우 정권이 안정되었어. 그리고 4대 60여 년 동안 최충헌 정권이 계속되었지.

무신의 난으로 혼란이 극심해지자 전국 곳곳에서 백성들의 반란이 일어났어. 문벌 귀족들은 무신들뿐 아니라 백성들까지 괴롭혔거든. 문벌 귀족의 사치품을 대느라 비참한 생활을 하던 백성들도 무신들과 함께 폭발한 거야. 지배층은 자기들끼리 싸우느라 정신이 없어서, 백성들의 반란은 전국으로 퍼져나갔지. 공주 명학소에서는 망이 · 망소이 형제가 봉기했어. 아까 고려의 제도와 조직을 설명하면서 '향 · 소 · 부곡'이라는 특수 행정 구역은 차별 대우를 받았다고 이야기했었지? 이 때문에 명학 '소'에서 먼저 반란이 일어난 거야. 경상도 지역에서는 김사미와 효심을 중심으로 농민들이 반란을 일으켰지. 농민들뿐 아니라 노비들까지 반란을 일으켰는데, 최충헌의 노비였던 만적도 반란을 주도했단다.

간단 정리! 고려를 뒤흔든 반란들

이름	원인	결과 · 의의
이자겸의 난 (1126년)	문벌 귀족 이자겸이 인종의 제거 위협에 반란을 일으킴	궁궐이 불타는 등 왕권 실추
묘청의 난(1135년)	묘청 등의 서경 천도파가 개경 귀족과 대립	서경파의 패배로 개경 귀족의 횡포 심해짐
무신의 난(1170년)	문벌 귀족 등 문신들의 무신 멸시	무신 정권이 세워지지만 전국적으로 백성들의 반란 이어짐
망이·망소이의 난 (1176년)	'향 · 소 · 부곡'의 차별 대우	무신의 난 이후 최초의 대규모 백성 반란
김사미 · 효심의 난(1193년)	무신 정권의 농민 수탈	무신 정권 시기 대표적 농민 반란
만적의 난 (1198년)	최충헌의 노비 만적이 신분제 철폐를 외치며 반란	무신의 난 이후 벌어진 대표적인 노비 반란

대몽 항쟁의 빛과 그림자

이자겸의 난에서 만적의 난까지 고려는 혼란을 거듭했지만, 정말 큰 위기는 외부에서 왔어. 여진의 뒤를 이어 동아시아 최강, 아니 세계 최강으로 떠오른 몽골이 고려를 침입해왔거든. 중국은 물론 유럽까지 위협하는 세계 제국으로 성장하고 있던 몽골이 고려까지 세력을 뻗친 거지.

이제 고려는 둘 중 하나를 선택해야만 했어. 항복하고 몽골의 속국이 되느냐, 끝까지 항전하느냐. 최충헌의 아들로 당시 권력을 쥐고 있던 최우의 선택은 후자였어. 몽골 군대가 수전에 약한 점을 이용해 수도를 강화도로 옮기고 장기 항전의 태세를 갖췄지. 더불어 부처님의 힘으로 몽골을 막아내기 위해 팔만대장경을 만들기도 했어.

이후 40년 가까이 고려는 몽골에 저항했어. 마침내 무신 정권이 무너지고 국왕이 몽골에 항복한 뒤에도 고려의 특수 부대 삼별초군은 끝까지 몽골과 맞서 싸웠지. 하지만 여기에는 빛과 그림자가 있단다. 사연은 이래.

최씨 무신 정권이 강화도에서 항전하는 동안, 고려의 국토는 몽골군에게 약탈당하고 백성들의 괴로움은 이루 말할 수가 없었어. 하지만 최씨 정권은 전쟁 없는 강화도에서 흥청망청 먹고 마시며 놀았지. 백성들의 불만은 점점 커져갔고, 이는 결국 최씨 정권의 몰락으로 이어졌어.

삼별초도 그래. 최씨 정권의 친위 부대처럼 움직였거든. 백성을 위해 싸운 것이 아니라 철저히 최씨 정권을 지키는 군대였어. 최씨 정권이 무너

불경을 새긴 이런 목판이 8만여 개나 되기 때문에 팔만대장경이야.

팔만대장경

지고 자신들도 위험해지자 자의 반 타의 반으로 몽골과 싸우게 된 거야. 물론 삼별초와 함께 싸운 수많은 백성들은 정말 몽골에 끝까지 항전하기 위해서 목숨을 바쳤지만 말이야.

결국 최씨 정권은 무너지고, 고려는 항복했어. 이제 고려는 몽골이 세운 원나라의 사위 나라가 되었지. 실제로 이때부터 고려의 왕들은 원나라 공주들과 결혼했단다. 이름도 충렬왕, 충선왕처럼 원나라에 충성을 다하겠다는 뜻을 담아 지었고.

고려 북쪽의 영토는 원나라가 직접 다스렸고, 나머지 영토는 고려 왕이 다스렸지만 사사건건 원나라의 간섭을 받아야 했어. 그래서 이때를 '원 간섭기'라고 부르는 거야. 또 해마다 많은 공물을 원나라에 바쳐야 했는데, '공녀'라는 이름으로 수많은 미혼 여성들도 끌려갔어. 그래서 이 무렵 딸을 일찍 혼인시키는 조혼 풍속이 생기기도 했단다.

국가의 조직이나 제도도 원나라식으로 바뀌었을 뿐 아니라 몽골의 풍속도 많이 들어왔어. 반대로 몽골에도 고려 풍속이 전해지기도 했고.

공민왕, 세계 최강 원나라와 맞짱 뜨다!

여기서 잠깐, 뜬금없는 질문 하나. 일제 강점기 시절 일본에 빌붙어 잘 먹고 잘살았던 사람들을 뭐라고 부르지? 맞아, 친일파! 원 간섭기에도 이런 사람들이 있었어. 이들을 친원파 혹은 권문세족이라고 불러.

권문세족은 원나라를 등에 업고 고려의 새로운 지배층으로 떠올랐어. 그리고 친일파가 그랬듯이 백성들의 땅을 빼앗기 시작했지. 이들이 얼마나 많은 땅을 가졌냐 하면, 산과 강을 경계로 삼을 정도였다는구나. 반면 농민들은 송곳 하나 꽂을 자기 땅도 없었어. 권문세족은 원나라에 충성하는 고려 왕을 마음대로 움직이면서 더욱더 많은 재산을 모았단다.

'충'자 돌림 왕이 여섯 명이나 이어지고 난 뒤에 제31대 공민왕이 왕위에 올랐어. 공민왕은 이전의 왕들과 달랐어. 원나라를 아주 싫어했거든. 비록 어린 시절을 원나라에서 보냈고, 그곳의 공주를 아내로 맞았지만 말이야. 오히려 원나라에 있으면서 천하무적 원나라도 쇠약해졌다는 것을 알았지.

게다가 공민왕의 부인인 노국 공주는 원나라 출신임에도 공민왕의 개혁 정책을 적극 지지했어. 공민왕은 왕위에 오르자마자 원나라에 반대하는 개혁을 시작했지. 원나라식 옷차림을 금지하는 것이 개혁의 신호탄이었어. 이어 당시 가장 강력한 친원 세력이었던 기철 일파를 숙청하고 원나라가 직접 지배하고 있던 북쪽 영토를 회복했지. 승려 신돈을 등용하여 권문세족이 부당하게 빼앗은 농토를 백성들에게 돌려주기도 했단다.

이제 드디어 고려의 새 아침이 밝아오는 것일까? 하지만 상황은 그리 만만하지 않았어. 권문세족은 집요하게 공민왕과 신돈 사이를 갈라놓으려 했고, 안 그래도 신돈의 권력이 너무 커지는 것을 불안하게 생각하던 공민왕은 결국 그를 처형하고 말아. 그리고 얼마 안 있어 자신도 암살을 당하면서 공민왕의 개혁은 아쉽게도 끝나고 말았단다.

개혁은 실패했지만, 우리 사랑은 변함없다고~!

공민왕과 노국 공주

이성계의 승부수, 위화도 회군

공민왕의 죽음 이후 권력은 다시 권문세족의 손에 들어갔어. 고려는 최악의 상황으로 치달았지. 권문세족의 횡포는 날이 갈수록 심해지는데, 설상가상 북쪽에는 홍건적, 남쪽에는 왜구가 백성들을 괴롭혔단다.

홍건적은 중국의 도적 집단, 왜구는 일본의 쓰시마 섬을 본거지로 하는 해적 집단이야. 이들은 고려의 관군쯤은 우습게 여길 정도로 군사력이 대단했지. 이들을 토벌하면서 전 국민의 스타로 떠오른 이가 바로 이성계와 최영이었어. 하지만 둘은 달랐어. 지방 출신의 젊은 이성계는 신진 사대부와 손을 잡았고, 중앙 귀족 출신 최영은 권문세족의 일원이었거든.

신진 사대부라고? 처음 나온 이름인데? 신진 사대부는 고려 말 권문세족에 대항하면서 새롭게 떠오르던 세력이야. 당시 새로운 유학이던 성리학을 무기 삼아 권문세족의 부정부패를 신랄하게 비판했단다.

신진 사대부는 대부분 지방의 향리 집안 출신으로, 과거를 통해 중앙 관리가 된 사람들이었어. 이들은 지방에 중소 규모의 땅을 가지고 있었는데, 권문세족이 농장을 확대하면서 자신들의 땅도 빼앗길지 모른다는 위기를 느낀 거야. 사사건건 권문세족과 부딪쳤지만 아직은 힘이 부족했지. 그래서 무력을 갖추고 있던 이성계와 손을 잡았고, 마침내 권문세족을 몰아낼 기회를 잡았어.

고려의 지배층 변화

호족 → 문벌 귀족 → 무신 세력(무신의 난) → 권문세족(원 간섭기) →

신진 사대부(조선 건국)

때는 1388년. 원나라의 힘이 약해지면서 중국에는 새롭게 명나라가 등장했어. 원이 지는 해라면, 명은 떠오르는 태양. 그런데 명나라가 고려에 엉뚱한 요구를 해왔어. 원나라가 다스리다 공민왕이 회복한 북쪽 땅을 달라고 한 거야.

안 그래도 친원파 일색이던 권문세족은 발끈했지. 이번 기회에 명나라 땅인 랴오둥(요동) 지방을 공격해서 원나라를 돕는 건 어떨까? 권문세족의 이해를 대변한 최영의 생각이었어. 이성계는 펄쩍 뛰며 반대했지만, 상관인 최영의 명령에 따라 결국 랴오둥을 정벌하기 위해 군대를 이끌고 길을 떠났어. 그러다 압록강 하류의 섬인 위화도에서 군대를 돌린 거야. 역사에서는 이 사건을 '위화도 회군'이라 불러. 이성계는 개경을 장악한 후 최영을 처형하고 정권을 잡았단다.

고려 역사에서 그리 낯설지 않은 쿠데타의 성공. 하지만 이번에는 달랐어. 고려의 지난 쿠데타들이 허수아비 왕을 세우는 데 그쳤지만, 이성계는 아예 왕조 자체를 바꿔버렸지. 500년 고려의 시대가 저물고 새 나라 조선이 시작되는 순간이야.

5

조선 전기

새 나라, 새 시대, 새 문화

구쌤의 흐름 잡기

조선의 역사는 크게 세 부분으로 나눌 수 있어. 조선 전기와 후기 그리고 개화기. 조선 전기의 흐름은 두 가지만 기억하면 돼. 먼저 태조가 나라를 세우고, 태종이 기틀을 다지고, 세종이 찬란하게 꽃을 피운 후, 성종이 나라의 기틀을 완성했다는 것. 이건 태조-광종-성종으로 이어지던 고려와 비슷하지.

다음은 초기 지배층인 훈구(파)가 사림(파)으로 교체된다는 사실. 이것도 문벌 귀족에서 무신 정권으로 바뀌는 고려와 비슷하다고 볼 수 있지. 조선 전기와 후기를 가르는 것은 양란(임진왜란과 병자호란)이야. 두 차례의 전쟁이 조선 사회를 송두리째 바꿔버렸거든. 그러다 일본에 의해 강제로 나라 문을 열면서 다시 한 번 새로운 시대, 개화기가 시작돼. 이건 근대의 시작이기도 하단다.

1392년	조선 건국	태조의 나라 세우기
1398년	왕자의 난	태종의 기틀 다지기
1446년	훈민정음 반포	세종의 문화 꽃피우기
1485년	《경국대전》 시행	성종, 나라의 기틀 완성
1519년	기묘사화	훈구파와 사림파의 갈등
1567년	선조 즉위	사림파 집권
1592년	임진왜란	조선 후기의 시작
1623년	인조반정	
1636년	병자호란	

정몽주의 죽음, 조선의 탄생

지난 시간에 이성계가 위화도 회군을 통해 정권을 잡은 것까지 설명했 었지? 하지만 조선의 건국을 위해서는 아직 하나의 고비가 남아 있었 어. 바로 고려의 마지막 충신 정몽주.

사실 정몽주도 신진 사대부였어. 그것도 신진 사대부를 이끈 '투 톱' 중 하나였지. 또 한 사람은 정도전이었고. 정몽주가 고려를 유지해야 한다 고 생각한 반면, 정도전은 새 왕조를 세워야 한다고 주장했어. 둘의 갈 등은 점점 심해져서 마지막엔 서로를 제거하려는 움직임까지 보이고 있 었단다.

그때 이성계의 아들 이방원이 선수를 쳐서 정몽주를 죽이지. 이성계가 바로 정도전이 새 왕으로 모시려던 사람이었거든. 정몽주가 살해당한 개성의 선죽교에는 아직도 붉은 핏자국이 남아 있다고 해. 그의 죽음과 함께 고려도 마지막을 맞게 된 거야.

이제 조선의 건국은 급물살을 탔어. 단군의 고조선을 잇는다는 의미에 서 나라 이름을 조선이라 짓고, 한양을 새로운 수도로 정했지. 유교, 그 중에서도 신진 사대부의 사상적 기반이던 성리학을 나라의 근본으로 삼 고, 고려와는 달리 불교를 철저히 억누르는 정책을 폈단다.

이 모든 일을 추진한 사람이 정도전이었어. 궁궐 건축에서 정치 제도까 지 그의 손을 거치지 않은 것이 없었으니, '조선의 디자이너'라고 불러도

고려를 향한
일편단심이야
가실 줄이 있으랴~!

정몽주

손색이 없을 정도야. 태조 이성계도 정도전을 믿고 모든 것을 맡겼지.
하지만 정도전을 곱지 않은 눈으로 보던 사람이 있었어. 조선의 주인은
왕인데, 신하가 모든 것을 좌지우지한다는 불만을 가진 사람, 바로 정몽
주를 죽인 이방원이었어.

기회는 찬스댓! '왕자의 난'과 태종

이방원은 태조의 다섯째 아들이었어. 조선 건국 과정에서 많은 공을 세 웠지만, 왕이 될 가능성은 별로 없었지. 그런데 어느 날, 그에게도 기회 가 왔어. 태조가 둘째 부인에게서 얻은 어린 아들을 세자로 삼았거든.

아니, 그게 무슨 기회냐고? 그렇지 않아. 만약 태조가 맏아들을 세자로 삼았으면 이방원이 그걸 거부할 명분이 없거든. 맏아들이 왕위를 잇는 게 당연했으니까. 하지만 일곱 번째 아들이 세자가 되었다면 이야기가 다르지.

방원은 형들과 손을 잡고 어린 세자뿐 아니라 세자 책봉을 찬성한 정도 전까지 죽이고 정권을 장악해. 이게 바로 제1차 왕자의 난이야. 제2차 왕자의 난은 손을 잡았던 형제들 사이에서 일어났어. 그중 다섯째 방원 과 넷째 방간 사이에 싸움이 벌어졌지. 여기서 방원이 승리함으로써 왕 위 계승을 둘러싸고 일어난 혼란은 정리되었어. 아들들끼리 서로 죽이 는 광경을 본 태조는 왕위에서 물러나버려. 그 자리를 둘째 아들이 이었 는데, 그가 바로 조선의 제2대 임금 정종이야(맏아들은 이미 죽은 뒤였어).

하지만 실질적인 권력은 왕자의 난을 주도했던 방원이 쥐고 있었지. 허 수아비 왕이었던 정종은 2년 만에 동생 방원에게 왕위를 물려주었단다. 방원은 조선의 제3대 임금인 태종이 되었어.

자기 힘으로 왕위에 오른 태종은 강력한 카리스마로 나라를 다스렸어.

우선 신하들이 가지고 있던 결정권을 빼앗아 왕권을 강화하고, 호패법을 실시해서 백성들에 대한 지배력을 높였지. 호패법은 오늘날의 주민 등록법이라고 생각하면 돼. 전국의 인구를 철저히 파악하고 성인 남자들은 모두 이름과 출생 연도 등을 적은 호패를 차고 다니도록 한 거야. 이로써 국가는 세금을 더 꼼꼼하게 걷고, 백성들을 손쉽게 군대에 동원할 수 있게 되었지.

강력한 카리스마로 왕권을 강화한 것이 고려의 제4대 임금이었던 광종과 닮은꼴이네? 태종이 이처럼 왕권을 안정시키고 나라의 기틀을 잘 다져놓았기에, 뒤를 이은 세종 대왕이 많은 업적을 남길 수 있었던 거란다.

이것만 있으면
세금도 꼼꼼히!
군대도 철저히!

호패

만능 천재 세종의 끝은 어디?

책벌레 세종은 천재 중의 천재였어. 유교 경전은 기본이고, 언어학, 지
리학, 과학, 수학에 음악까지 당대 최고의 전문가 수준이었지. 황희와
맹사성 같은 뛰어난 재상을 등용해서 정치를 안정시킨 뒤에, 집현전을
만들고 '장원 급제 급' 학자들을 모아 대규모 프로젝트를 진행했어. 그러
니 엄청난 업적을 쌓을 수밖에.

그중에서도 빼놓을 수 없는 것이 훈민정음(한글)의 창제. 한글은 조선 왕
들의 업적을 통틀어 단 하나만 뽑는다면 만장일치로 뽑힐 만한 것이지.
과학적 구성 원리는 말할 것도 없고, 한글을 만든 이유가 백성들의 불
편을 덜어주기 위해서였다는 것도 놀라운 일이야. 중국과 우리말이 다

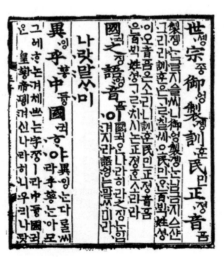

우리의 나라말이
중국과 달라……

훈민정음언해

르므로 우리글도 한자와 달라야 한다는 자주적인 발상을 했다는 것도 그렇고.

한글이 나왔을 때 양반 사대부들은 '중국의 한자가 있는데 따로 만드는 것은 오랑캐나 하는 짓'이라며 반대했어. 이런 반대를 무릅쓰고 한글을 만들어 반포한 것은 세종이니까 가능한 일이었지. 그냥 만들기만 한 것이 아니라 백성들이 익힐 수 있도록 보급에도 힘썼어. 조선 왕실의 업적을 노래한《용비어천가》, 부처의 일대기를 담은《월인천강지곡》, 충과 효를 강조한《삼강행실도》등을 지은 것도 그런 노력 중 하나였단다.

이번에는 과학 기술의 발달을 알아볼까? 세종은 농사에 도움을 주고자 관련 과학 기술들을 연구하도록 했어. 이때 천문 관측 기구인 '혼천의', 해시계 '앙부일구', 물시계 '자격루', 토지 측량 도구인 '인지의' 등이 만들어졌지. 중국이 아니라 우리나라를 기준으로 만든 달력인《칠정산》, 우리 기후와 풍토에 맞는 농사법을 설명한《농사직설》도 펴냈고.

과학 기술 관련 서적이 이 정도였으니, 유학자들의 전공 분야인 인문학이야 말할 것도 없었지. 고려의 역사를 정리한《고려사》와《고려사절요》, 단군부터 고려까지 우리 역사를 담은《동국통감》, 전국의 지리 정보를 모은《팔도지리지》와《동국여지승람》까지 훌륭한 책들이 쏟아져 나왔어.

그렇다고 세종이 인문학이나 과학 기술만 신경 쓴 것은 아니야. 압록강에는 4군, 두만강에는 6진을 개척해서 영토 또한 넓혔지. 이로써 압록강과 두만강을 경계로 하는 지금의 국경선이 정해졌단다. 또한 왜구가 우리 백성을 괴롭히자, 왜구의 본거지인 쓰시마 섬을 토벌하기도 했어. 이밖에도 박연을 시켜 궁중 음악인 아악을 정리하게 했고. 헉, 헉, 헉······ 도대체 세종 대왕의 업적은 끝이 어디인 거야?

자동 알람 기능이 있는 물시계 자격루는 집채만 한 크기였단다.

자격루

조선의 완성, 《경국대전》

세종의 뒤를 이은 문종이 2년 만에 병으로 세상을 뜨자 어린 단종이 왕위에 올랐어. 왕이 어린 탓에 나라는 혼란스러워졌고, 이 틈을 타서 세종의 아들이자 단종의 숙부인 수양 대군(세조)이 쿠데타를 일으켜 왕이 되었지. 어린 단종은 결국 유배지에서 목숨을 잃고 말았어. 왕위에 오르는 과정은 분명 문제가 있었지만, 세조는 왕권을 강화하는 등 많은 업적을 남기기도 했단다. 과전법을 폐지하고 직전법을 만든 것도 그중 하나야. 퇴직 관리들에게도 토지를 주는 과전법 대신 현직 관리한테만 토지를 주는 직전법을 실시하니 나라 살림이 좋아졌거든.

조선의 기본 법전인 《경국대전》 편찬을 명령한 것도 세조의 큰 업적이야. 《경국대전》은 정부 조직부터 노비의 출산 휴가 일수까지 조선 사회의 거의 모든 분야를 망라한 기본 법전이었어. 이로써 조선이라는 나라의 시스템이 갖춰졌다고 볼 수 있는 거지. 그래서 《경국대전》이 완성되는 성종 때 조선의 기틀 또한 완성되었다고 말하는 거야.

태종, 세종, 세조, 성종의 업적

태종	왕권 강화, 호패법 실시 등
세종	훈민정음 창제, 과학 기술 발달, 각종 서적 편찬, 영토 확장 등
세조	왕권 강화, 직전법 실시 등
성종	《경국대전》 완성 등

그럼 《경국대전》으로 완성된 조선의 모습을 구체적으로 살펴볼까? 우선 중앙 조직부터. 가장 중요한 기관은 의정부와 6조였어. 영의정, 좌의정, 우의정으로 구성된 의정부는 신하들의 최고 의사 결정 기구였고, 6조는 고려의 6부처럼 실무를 책임지는 부서들이었지.

그다음 중요한 기관으로 관리를 감찰하는 사헌부, 왕에게 직언을 하는 사간원, 국왕 자문 기구인 홍문관 등이 있었어. 사헌부, 사간원, 홍문관을 묶어서 '3사'라고 부르기도 했단다. 이 밖에도 국왕 비서실인 승정원, 수사 기관 의금부, 역사 편찬을 담당한 춘추관, 최고 교육 기관인 성균관 등이 있었지.

이번에는 지방 행정 조직을 살펴보자. 조선은 전국을 8도로 나누고 그 아래 부·목·군·현을 두었어. 도에는 관찰사, 부에는 부사, 목은 목사, 군은 군수, 현에는 현령을 파견했지. 부사, 목사, 군수, 현령을 통틀어 수령이라고도 불렀는데, 수령은 세금을 거두고, 재판을 하고, 군대를 관리하는 등 거의 모든 권한을 가지고 있었어.

외교의 기본 정책은 '사대교린'이야. 사대란 섬길 사(事)에 큰 대(大), 큰 나라를 섬기는 것이고, 교린이란 사귈 교(交)에 이웃 린(隣), 이웃 나라와 가깝게 지낸다는 뜻이야. 중국(명나라)에는 사대, 여진이나 일본에는 교린 정책을 취했지.

조선의 과거 제도는 고려의 것에서 승과가 빠지고 대신 무과가 들어간다고 이해하면 돼. 그러니까 문관을 뽑는 문과, 무관을 뽑는 무과, 기술 관리를 뽑는 잡과가 있었지. 고려와 마찬가지로 음서 제도도 있었는데, 고려는 음서가 과거보다 중요했지만 조선에서는 과거가 훨씬 더 중요해져. 음서로 벼슬길에 오른 사람들도 과거를 다시 봐야 높은 관직에 오를 수 있었거든.

조선의 조직과 제도

정치	의정부와 6조, 3사(사헌부, 사간원, 홍문관) 등
행정	8도(관찰사), 부 · 목 · 군 · 현(수령)
외교	사대교린
기타	과거 제도(문과, 무과, 잡과)

조선 시대 사람들은 어떻게 살았을까?

이런 조직과 제도 속에서 조선 사람들은 어떤 모습으로 살았는지 살펴
볼까? 가장 중요한 신분 제도부터. 조선의 신분은 '양반-중인-상민-
천민'으로 이루어졌어. '귀족-중류층-양민-천민'으로 나뉜 고려 시대
와 비슷하군.

양반 또한 고려의 귀족과 크게 다르지 않아. 다만 고려의 귀족이 음서
를 선호한 데 비해, 조선의 양반은 과거 시험을 통해 관직에 오르는 것
을 더 자랑스럽게 여겼지. 또 귀족들은 대부분 불교를 믿었지만 양반들
대다수는 불교를 배척하는 철저한 유학자들이었고. 하지만 대대로 많은

양반은 왜 일을
안 하냐고?
양반이니까!

김홍도의 〈타작도〉

토지와 노비를 소유하면서도 세금을 안 낸 것은 귀족이나 양반이나 똑같아. 물론 땀 흘리며 일하지도 않았고 말이야.

중인은 고려의 중류층과 거의 같아. 지방의 하급 행정 관리인 서리(향리)와 통역을 담당한 역관, 의사인 의관, 궁중 화가인 화원 같은 사람들이 중인에 속했지. 요즘은 누구나 부러워하는 고소득 전문직과 공무원에 해당돼. 실제로 역관들은 외국과 무역을 하면서 큰돈을 벌기도 했단다. 고려 때와 한 가지 달라진 점은 양반 첩의 자식인 서얼(서자)도 중인처럼 출세에 제한을 받았다는 거야. 고려 시대에는 서얼에 대한 차별이 거의 없었지만 조선 시대 서얼들은 문과 대신 잡과만 응시할 수 있었어.

평민에 해당하는 상민은 고려의 양민과 똑같다고 보면 돼. 실제로 상민을 양민으로 부르기도 했으니까. 대부분 농업, 일부는 상공업에 종사하면서 식량과 물건을 생산하고 세금을 냈지. 고려나 조선이나 상민(양민)들의 힘으로 유지될 수 있었던 거야. 하지만 과도한 세금에 시달려 떠돌이 거지나 도둑이 되는 경우가 많았단다. 노비, 백정, 광대, 무당, 기녀, 악공 등이 속한 천민의 처지도 고려 시대와 같았어. 부모 중 한 명이 노비면 자식도 노비가 되는 것이 원칙이었지.

훈구야 비켜라, 사림이 나가신다!

조선을 건국한 신진 사대부들이 '훈구'라는 이름으로 불리기 시작한 것은 세조가 왕위에 오른 다음부터야. 세조는 쿠데타 과정에서 자신을 도와준 사람들을 공신으로 책봉했는데, 그 수가 수천 명에 이르렀어. 이들은 온갖 특혜를 누리면서 자기들끼리 똘똘 뭉쳐 정치를 주물렀지.

또한 고려 말의 권문세족처럼 부정과 비리를 통해 재산을 늘리기도 했단다. 이러한 훈구의 잘못을 비판하며 등장한 세력이 '사림'이었어. 사림은 대부분 지방에 있는 양반들이었지.

이들의 뿌리는 정몽주처럼 조선의 건국에 반대한 신진 사대부였어. 조선이 세워지자 건국 반대 세력은 지방으로 내려가 자리를 잡았지. 지방에 머물면서 공부를 하고 제자를 키우며 지내다, 훈구의 비리가 심해지자 이들을 비판하며 본격적으로 중앙 정치에 진출하기 시작한 거야.

훈구가 실리를 추구했다면, 사림은 명분을 더 중히 여겼어. 자신들의 선조가 '충성'이라는 명분 때문에 조선 건국을 반대했으니까. 그러고 보니 사림의 진출은 고려 말 신진 사대부의 등장과 비슷한 면이 있네. 모두 지방 출신에, 중앙 정치 세력을 비판했고, 명분을 중시하는 성리학에 철저했다는 점까지 말이야.

간단 비교! 훈구 vs 사림

구분	훈구파	사림파
구성	세조 시대의 공신 세력 (조선을 건국한 신진 사대부의 후손)	지방 거주 양반 세력 (조선 건국을 반대한 신진 사대부의 후손)
배경	중앙 관료, 대지주	지방 양반, 중소 지주
성향	실리 위주	명분 중시

성종 때부터 중앙 정치 무대로 나오기 시작한 사림은 중종 대에 이르러 훈구에 맞서는 정치 세력이 되었어. 그 중심에는 사림식 개혁 정치의 선봉에 섰던 조광조가 있었지. 사림식 개혁 정치가 뭐냐고? 그건 바로 성리학의 명분에 입각해 훈구 세력의 비리를 척결하고 그들이 누리고 있는 특혜를 빼앗는 것!

하지만 가만히 앉아서 당할 훈구 세력이 아니었지. 이들은 고려 말의 권문세족이 공민왕과 신돈에게 그랬듯이 온갖 수단을 동원해서 중종과 조광조의 사이를 갈라놓는 데 성공했고, 결국 조광조 또한 신돈처럼 목숨을 잃고 말아. 이걸 '기묘사화'라고 부르는데, '기묘'년에 '사'림들이 '화'를 당한 일이라는 뜻이야. 하지만 신돈의 개혁이 그의 죽음과 함께 사라져버린 반면, 사림은 조광조의 죽음에도 불구하고 계속 힘을 키워나갔어.

사림은 지방에 확실한 세력 기반을 갖추고 있었거든.

사림이 지방을 장악하는 데 이용한 것은 세 가지였어. 서원과 유향소 그리고 향약. 원래 서원은 뛰어난 업적을 남기고 죽은 유학자를 기념하는 곳이야. 철마다 제사를 지내고, 유학자들의 학문을 연구하고 교육하는 곳이었지. 지역마다 자발적으로 생겨난 서원은 시간이 흐르면서 국가의 지원을 받기 시작해. 어느새 서원은 사림의 지역 사령부 같은 역할을 하게 되었단다.

퇴계 이황을 모신 도산 서원은 1000원짜리 지폐에도 등장한단다.

도산 서원

유향소는 일종의 지역 양반 자치 기구였어. 오늘날로 치면 지역 유지들의 모임인 셈이지. 그러니 중앙에서 파견된 수령들도 유향소를 무시할 수 없었어. 여차하면 비리 혐의로 고발당할 수도 있으니까. 수령들은 유향소의 눈치를 봤고, 유향소는 자연스럽게 지방 양반, 즉 사림의 힘을 키워주었지.

유향소가 양반의 조직이라면, 향약은 양반이 주도하고 상민이 참여하는 지방 자치 단체였어. '착한 일을 서로 권하고 어려울 때 돕는다'는 명분으로 만들었지만, 실질적으로는 사림이 지방민들을 장악하는 데 많은 도움을 주었어.

이렇게 지방을 확실히 장악한 사림은 끊임없이 중앙 진출을 시도했고, 결국 선조 때에 이르러서는 훈구를 몰아내고 정권을 잡게 되었단다. 조광조가 처형당하고 약 50년 만의 일이었지.

드디어 사림만의 세상이 왔으니 이제 권력 다툼은 사라지고 정치는 안정되는 걸까? 아쉽게도 현실은 그렇지 않았어. 사림이 권력을 잡자, 이번에는 자기들끼리 파벌을 나누어 경쟁하기 시작했거든. 이게 그 유명한 '당파 싸움(당쟁)' 혹은 '붕당 정치'의 시작이야. 여기에 대해서는 조선 후기 장에서 자세히 설명해줄게.

조선 수군 연전연승의 비밀

조선이 건국 이래 전쟁 없는 평화 시대를 누리는 동안, 일본은 수백 명의 다이묘(영주)들이 서로 전쟁을 벌이는 '전국 시대'를 보내고 있었어. 약 100년의 전국 시대를 마감하고 일본을 통일한 것은 도요토미 히데요시. 그는 여세를 몰아 조선을 거쳐 명나라를 침략하기로 결정해. 여기에는 통일 과정에서 생겨난 내부의 불만을 밖으로 돌리려는 숨은 의도도 있었지.

어쨌든 일본은 '명나라를 정벌하러 가는 데 길을 빌려줄 것'을 조선에 요청했어. 조선의 대답은? 말도 안 돼! 그렇다면 이제부터라도 철저히 일본의 침략에 대비해야겠지? 하지만 조선은 우왕좌왕, 일본의 침략에 전혀 대비하지 못했어. '일본이 진짜 쳐들어올까, 아닐까?'를 놓고 갑론을박 말싸움만 했으니까. 그렇게 1년이 지난 1592년 음력 4월, 일본의 20만 대군이 조선을 침략했단다.

전쟁 초반에는 일본이 승승장구했어. 조선 침공 하루 만에 부산진성을, 다음 날 동래성을 함락시키고, 18일 만에 한양마저 점령했으니까. 조선은 마지막 희망이던 신립 장군이 충주 탄금대에서 패한 이후 이렇다 할 저항 한번 못하고 계속 밀리기만 했지.

신립의 패배 소식을 들은 선조는 짐을 싸서 피난길에 올랐어. 이대로 조선이 무너지는가 싶은 상황에서 기적 같은 일이 벌어져. 이순신 장군의 조선 수군이 바다에서 연전연승을 거둔 거야. 사실 이건 기적이 아니었어. 일본의 초반 승리가 조총 같은 앞선 무기와 오랜 싸움에 단련된 군사력 덕분이었듯, 조선 수군의 전력 또한 일본을 압도했거든.

조선 정부가 손을 놓고 있을 때 이순신은 거북선을 만드는 등 착실히 전쟁 준비를 했지. 조선의 판옥선과 화포(대포)들은 일본 것들과는 비교가 안 될 정도로 성능이 우수했어. 거기다 이순신의 뛰어난 지략까지 더하니 연전연승할 수밖에.

거북선

147

7년 전쟁이 남긴 것들

수군의 승리가 이어지는 동안, 육지에서도 분위기가 바뀌고 있었어. 전국에서 의병들이 일어났고, 조선의 요청을 받은 명나라가 군대를 보냈거든. 드디어 육지에서도 밀리기 시작하자 일본은 전쟁을 끝내려고 강화 협상을 제안했어. 이를 명나라가 받아들여 강화 회담이 시작되었지.

아니, 그런데 남의 나라 땅에서 왜 다른 나라끼리 강화 회담을 벌여? 먼 훗날 6·25 전쟁 때 그랬듯이, 전쟁 지휘권은 우리가 아닌 명나라가 쥐고 있었거든. 조선은 일본을 철저히 응징해야 한다며 강화 회담에 반대했지만, 남의 나라 전쟁에서 빨리 발을 빼고 싶었던 명나라는 강화 회담에 응했어. 그런데 이 강화 협상이 무려 4년간이나 이어졌단다. 그동안에도 크고 작은 전투가 벌어졌고, 조선 백성들은 고통을 받았지. 명나라 군사들의 횡포 또한 백성들을 괴롭혔어.

결국 강화 회담은 결렬되고 일본은 다시 대대적으로 공격을 했어. 이걸 정유재란이라고 불러. '임진'년에 '왜(일본)'가 '난'리를 일으키고, '정유'년에 '재(다시)' '난'리를 벌인 거야. 그러다 전쟁을 일으킨 장본인인 도요토미 히데요시가 죽고 나서야 전쟁은 끝났어. 조선 침공에서 전쟁 종료까지 7년 가까운 시간이 흐른 뒤였지.

한·중·일이 참여한 7년 전쟁은 세 나라 모두에 큰 영향을 남겼어. 우선 조선은 엄청난 피해를 입었지. 토지는 농사를 제대로 지을 수 없을 만큼 황폐해졌고, 여기저기서 굶어 죽는 사람이 속출했어. 일본군은 국토와 문화재만 파괴한 것이 아니라 수만 명에 이르는 조선인을 포로로 끌고 갔지. 일본에서는 도쿠가와 이에야스가 도요토미의 아들을 죽이고 권력을 잡았어. 무리한 전쟁이 도요토미 정권의 힘을 빼놓았기 때문이야. 전쟁 후유증으로 명나라도 쇠약해져서 결국 여진족이 세운 청나라가 중국을 지배하게 되었단다.

임진왜란의 전개 과정

일본의 조선 침략 → 일본의 승승장구(선조의 피난) →

이순신의 연전연승(바다 장악) → 조선의 약진(의병 항쟁) →

명나라 참전 → 지루한 강화 협상(결국 결렬) → 정유재란 →

도요토미 히데요시의 죽음(전쟁 종료)

명분이 부른 전쟁

임진왜란이 끝나고 선조의 뒤를 이은 것은 광해군이었어. 전쟁이 한창일 때도 전국을 돌며 백성들을 돌보았던 광해군은 즉위 이후 전쟁의 상처를 회복하는 데 온 힘을 쏟았지. 황폐해진 토지를 다시 일구고, 세금제도를 손질해서 백성들의 부담을 덜고, 허준이 완성한 《동의보감》을 널리 보급했어.

대외 관계에서 '중립 외교'의 길을 걸었던 것도 광해군의 업적이야. 중립외교란 명나라와 후금(청나라) 사이의 중립을 말해. 조금 전에 임진왜란의 결과로 명나라의 힘이 약해졌다고 했지? 그 틈을 타고 명나라의 지배를 받던 여진족이 독립해서 '후금'이라는 나라를 세워. 옛날 고려 시대에 자신들이 세웠던 금나라를 잇는다는 의미를 담았지. 이 후금이 나중에 청나라가 되는 거야.

청나라가 후금이던 시절, 후금과 전쟁을 벌이고 있던 명나라가 조선에 도와줄 것을 요구했어. 광해군은 고민하지 않을 수 없었지. 의리와 명분으로 봐서는 임진왜란 때 우리를 도운 명나라를 돕는 것이 맞지만, 전쟁에서 후금이 이긴다면 조선을 가만두지 않을 수도 있잖아? 거기다 조선은 아직도 임진왜란의 후유증에서 회복하지 못한 상태이고 말이야.

그래서 광해군은 절묘한 선택을 해. '군대를 보내지만 싸우지는 않는다.' 명나라 지원 임무를 맡은 강홍립을 불러 적극적으로 싸우지 말라고 은밀히 명령한 거야. 광해군의 명을 받은 강홍립은 후금에 항복한 후 처음부터 조선은 후금에 대적할 생각이 없었다고 이야기했지.

하지만 광해군의 이런 중립 외교는 명분을 목숨처럼 여기는 사림 강경파의 반발에 부딪쳤어. 거기다 광해군이 역모 혐의로 이복동생인 영창 대군을 죽이고 계모인 인목 대비를 폐위시키자 반발은 더욱 심해졌지. 결국 이들은 광해군을 몰아내고 인조를 새 왕으로 세웠단다.

조선 시대에는 이렇게 성공한 반란을 '반정'이라고 불렀어. 반정을 통해 쫓겨난 왕은 세자일 때 이름으로 불렸고. 그래서 광해군은 조나 종으로 끝나는 왕의 이름을 얻지 못한 거야. 그렇다면 인조의 외교 정책은? 당연히 중립 외교를 버리고 '친명배금'을 선택했어. 명나라와 친하고 후금은 배척한다! 결과는? 두 차례에 걸친 후금의 침략이었어.

조선 국왕, 무릎을 꿇다!

후금이 광해군의 원수를 갚는다는 명분으로 조선을 침공한 것은 1627년 이야(정묘호란). 임진왜란이 끝나고 딱 30년 만의 일이었지. 이번에도 조선은 파죽지세로 밀려. 인조 또한 선조처럼 전쟁 준비를 제대로 못했으니까.

사실 이번에는 하고 싶어도 제대로 할 수가 없었어. 인조반정을 주도해 왔던 이괄이 1등이 아니라 2등 공신이 된 데 불만을 품고 반란을 일으켰거든. 반란군은 한양을 점령할 정도로 기세가 등등했어. 겨우 진압에 성공했지만 피해가 만만치 않았지. 이런 상황에서 후금의 침략을 받은 인조가 할 수 있는 일은 강화도로 피난을 가는 것이었어.

다행히 이번에는 후금이 조선과 형제 관계만 맺고 물러났어. 명나라를 앞에 두고 조선과 오래 싸울 수가 없었으니까. 조선이 명나라를 돕는 것을 막는 선에서 전쟁을 마무리한 거야. 그런데 그 뒤로 후금의 힘이 강해지면서 요구 수준 또한 높아졌어. 후금을 위해 군사와 물자를 보내는 것은 물론 형제 관계를 군신 관계로 바꾸자고 한 거야. 명분을 목숨처럼 여긴 조선 정부는 당연히 반발했고, 후금은 다시 한 번 쳐들어왔지. 나라 이름을 청으로 바꾸고서 말이야. 이게 바로 1636년에 일어난 병자호란이야.

이번에도 조선의 전쟁 준비는 보잘것없었어. 더구나 상대는 당시 세계 최강이던 청나라 군대였고. 강화도로 피난 갈 여유도 없었던 인조는 겨우 남한산성으로 피했지만, 승패는 이미 결정된 것이나 다름없었지. 청나라 대군이 남한산성을 포위해버렸거든. 결국 조선은 항복을 하고, 인조는 청나라 황제에게 세 번 절하고 아홉 번 머리를 조아리는 굴욕을 당했어. 이 일이 벌어진 곳이 '삼전도'라는 한강 나루터여서 이것을 '삼전도의 굴욕'이라고도 불러.

뿐만 아니라 인조의 아들들인 소현 세자와 봉림 대군은 볼모로 청나라에 끌려갔단다. 임진왜란의 상처가 채 회복되지 않은 상황에서 겪은 또한 번의 전쟁으로 조선은 뿌리부터 흔들리기 시작해. 이는 조선 사회의 변화로 이어졌고, 조선 전기와 구분되는 조선 후기가 시작된 거야.

병자호란의 전개 과정

광해군의 중립 외교 ➡ 인조반정 ➡ 인조의 친명배금 외교 ➡

후금의 제1차 침략(정묘호란) ➡ 형제 관계 맺음 ➡

후금의 군신 관계 요구 ➡ 조선의 거부 ➡

후금(청나라)의 제2차 침략(병자호란) ➡ 삼전도의 굴욕

조선 후기

양란, 이전과 이후

구쌤의 흐름 잡기

조선 후기에서 알아야 할 것은 딱 하나야. '양란 이후 조선은 어떻게 변했는가?' 그리고 그 변화를 제도 개혁, 정치, 경제, 사회, 문화, 종교, 학문 등의 영역으로 나누어 살펴보아야 해. 전쟁 이후 달라진 국가 운영을 위해 제도 개혁은 필수였지. 정치는 붕당 정치-탕평책-세도 정치 순으로 변해. 농업과 상공업의 발달로 경제는 좋아졌지만, 요즘처럼 빈익빈 부익부 현상이 심해지는 단점도 있었어. 거기에 신분제까지 흔들리면서 사회는 갈수록 혼란스러워졌지만, 그럼에도 문화는 발전했어. 중국을 모방하는 것에서 벗어나 우리만의 문화를 꽃피웠거든. 서양의 종교에 자극을 받아 우리 종교를 만들기도 했고. 종교와 함께 들어온 서양의 학문은 성리학을 넘어선 실학의 발전을 가져왔단다.

연도	사건	의의
1678년	상평통보 유통	**경제의 발전** (농업과 상공업의 발전)
1708년	대동법 전국 실시	**제도의 개혁** (정치, 군사, 세금 제도의 개혁)
1724년	영조, 탕평책 실시	**정치의 변화** (붕당 정치-탕평책-세도 정치)
1750년	균역법 실시	
1751년	정선, 〈인왕제색도〉 완성	**문화의 발전** (중국 모방 벗어난 독자 문화)
1776년	정조, 규장각 설치	
1785년	서학(천주교) 금지	
1811년	홍경래의 난	**사회의 혼란** (신분제 흔들리고 양극화 심화)
1818년	정약용, 《목민심서》 집필	**학문의 변화** (실학의 등장)
1860년	최재우, 동학 창시	**종교의 변화** (서학의 영향으로 동학 탄생)
1862년	임술 농민 봉기	
1863년	고종 즉위 (흥선 대원군 집권)	

개혁만이 살길이다!

양란 이후 가장 먼저 눈에 띄는 변화는 각종 제도의 개혁이야. 이전의 제도를 가지고는 전쟁 이후 달라진 나라를 도저히 운영할 수 없었거든. 우선 의정부 대신 비변사가 최고 권력 기관으로 떠올랐어. 비변사는 원래 군사 문제를 처리하기 위한 임시 기구였는데, 전쟁이 일어나자 군사 문제뿐 아니라 행정, 외교, 재정, 인사 등 거의 모든 문제를 처리했지. 비상 상황일 때 한곳에서 모든 문제를 처리하는 것이 효율적이었으니까. 그런데 전쟁이 끝난 이후에도 비변사의 역할은 계속되었단다.

전쟁을 치르면서 문제투성이라는 것이 드러난 군사 제도도 바꾸었어. 임진왜란 중에 궁궐 방어를 위해 설치한 훈련도감을 시작으로, 북벌을 추진했던 어영청, 수도 외곽을 방어하는 총융청, 남한산성을 지키는 수어청, 국왕을 호위하는 금위영까지 다섯 개의 군영이 생겨났지. 이제 조선의 국방 제도는 '5군영 체제'가 된 거야.

세금 제도 또한 크게 바꿨어. 전쟁으로 힘들어진 백성들의 부담은 덜면서도 국가 수입을 늘려야 했거든. 조선 시대의 세금은 크게 세 가지였어. 농토에 물리는 전세, 특산물을 바쳐야 하는 공납, 군대에 가야 하는 군역. 원래 전세는 토지의 비옥도와 풍흉에 따라 차등을 두었는데, 양란 이후에는 이 중 가장 적은 금액으로 고정되었어. 이걸 '영원히 정했다'고 해서 '영정법'이라 불러.

공납은 특산물 대신 쌀을 내는 '대동법'으로 바뀌었어. 건국 초기에 정해진 특산물이 해당 지역에서 더 이상 생산되지 않아도 계속 바쳐야 했기 때문에 농민들의 부담이 컸거든. 이제부터는 농민들이 쌀을 내면 그걸 가지고 나라에서 필요한 물품을 사기로 했지.

군역은 이미 전쟁 이전부터 직접 군대에 가는 대신 옷감(군포)을 내는 것으로 바뀌었는데, 원래 한 명당 1년에 삼베 두 필씩 내던 것을 한 필로 줄여주었어. 대신 양반도 군포를 내도록 했지. '모두가 균등하게 내는 법'이라서 '균역법'이라고 해. 이러한 세금 제도의 개혁은 전쟁으로 어려운 상황을 극복하는 데 많은 도움이 되었단다.

간단 정리! 양란 이후 제도 개혁

정치 제도	최고 권력 기구의 변화(의정부 → 비변사)
군사 제도	5군영 체제(훈련도감, 어영청, 총융청, 수어청, 금위영)
세금 제도	영정법(전세), 대동법(공납), 균역법(군역)

하필이면 세도 정치!

다음에는 정치 분야를 살펴보자. 지난번에 선조가 즉위하면서 집권한 사림이 파벌을 나눠 싸움을 시작했다고 이야기한 것, 기억나? 사림이 나눈 파벌을 당파 혹은 붕당이라 부른다고도 했지. 붕당은 서로 경쟁하며 정치를 잘 이끌어가기도 했지만, 때로는 경쟁이 치열해 서로를 죽이는 지경에 이르기도 했어. 이러한 정치를 붕당 정치 혹은 당파 싸움(당쟁)이라고 해. 선조 때 시작된 붕당 정치는 영조와 정조가 탕평책을 펼치면서 주춤하다가, 이후에는 세도 정치로 변한단다. 그럼 붕당 정치부터 설명해볼까?

우선 붕당의 종류부터 알아야 하는데, 이건 '동서-남북-노소'만 기억하면 돼. 사림이 동인과 서인으로 갈리고, 동인이 남인과 북인, 서인은 노론과 소론으로 분열하는 거야. 남인, 북인, 노론, 소론을 묶어서 '사색당파'라고 불러.

선조 때 처음 동인과 서인으로 나뉜 것은 비리를 일삼던 왕의 외가 세력을 어떻게 처리하느냐 하는 문제 때문이었어. 이때 강경한 입장을 보인 세력을 동인, 온건한

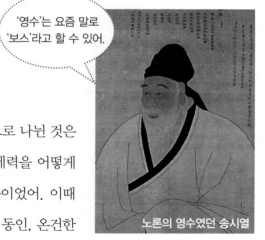

'영수'는 요즘 말로 '보스'라고 할 수 있어.

노론의 영수였던 송시열

세력을 서인으로 불렀지. 왜냐고? 강경파와 온건파를 대표하는 인물의 집이 서울의 동쪽과 서쪽에 있었거든! 이렇게 사색당파로 나뉜 붕당 간의 대립은 점점 격렬해졌어. 처음에는 서로 비판하고 견제하는 건전한 경쟁 관계였는데, 나중엔 서로 죽이는 치열한 싸움으로 변한 거야.

이런 당파 싸움에 신물이 났던 영조가 즉위하면서 실시한 것이 바로 탕평책이야. 탕평책이란 한마디로 붕당마다 고르게 인재를 등용하는 정책이지. 이게 정조에 이르면 좀 더 발전해서 붕당을 가리지 않고 능력 있는 사람이면 누구나 등용하게 된단다. 덕분에 영·정조 시대에는 정치가 안정되고 나라가 발전하면서 문화가 꽃필 수 있었던 거야.

하지만 정조가 죽은 후에 권력은 하나의 붕당, 그중에서도 몇몇 가문에 집중되었어. 이렇게 권력을 잡은 몇몇 가문(세도가)이 나라를 주무른 것을 세도 정치라고 불러. 이때는 온갖 부정과 비리, 불법이 판을 쳤지. 세도가는 돈을 받고 벼슬을 팔았고, 돈으로 벼슬을 산 관리는 본전을 뽑기 위해 백성들을 쥐어짰거든. 세도 정치는 흥선 대원군이 집권하기 전까지 기승을 부렸단다. 흥선 대원군에 대해서는 나중에 자세히 설명해줄게.

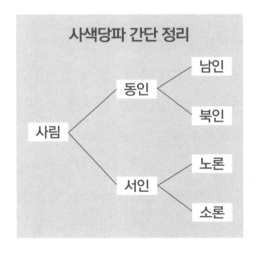

사색당파 간단 정리

사림 — 동인 — 남인 / 북인
사림 — 서인 — 노론 / 소론

배고픈 농민들, 모내기에 올인하다

"필요는 발명의 어머니"라는 말을 들어봤니? "목마른 사람이 우물을 판다"는 말도 있지. 이런 말처럼 양란 이후 농지가 줄어들면서 먹고살기 힘들어진 농민들은 스스로 살길을 찾았어. 그렇게 찾아낸 것이 바로 모내기법이야.

원래 벼는 다른 작물과 마찬가지로 씨를 뿌린 후 자라면 거둬들였어. 하지만 이렇게 하면 제대로 자라지 않는 벼도 생기고, 잡초를 뽑는 것(김매기)도 불편했지. 그래서 볍씨를 모판에 뿌려 조금 자란 모를 만들고, 이걸 논에 심는 모내기법을 만들었어. 이러면 생산량이 늘어날 뿐 아니라 벼가 줄을 맞춰 자라니 김을 매는 것도 품이 덜 들었거든.

거기다 모판에서 모가 자랄 동안 논에는 보리를 심는 이모작을 할 수도 있었지. 모내기법은 고려 말에 시작되었지만, 양란 이전에는 일부 지방에서만 실시되었단다. 모내기할 무렵 가뭄이 들면 모가 몽땅 말라 죽을 위험이 있었기 때문이지. 하지만 절실해진 농민들은 앞다퉈 위험을 무릅쓰고 모내기를 했고, 결국 농업 생산량을 크게 늘릴 수 있었단다.

모내기를 하면서 김매기가 쉬워지자, 농민 한 사람이 지을 수 있는 농지의 크기가 커졌어. 이렇게 한 사람이 넓은 땅을 경작하는 것을 '광작'이라고 부르는데, 조선 후기에는 광작이 늘어나면서 부자 농민이 생겨나기 시작해. 반대로 농사지을 땅이 없어서 장사꾼이나 노동자가 되는 농민도 늘어났지. 이건 또 상업이나 수공업, 광업이 발전하는 데 도움이 되었어.

한편 대동법의 시행도 상업을 발달시켰어. 농민에게 쌀을 받은 국가는 '공인'이라 불리는 상인을 통해 필요한 물품을 구입했는데, 이 과정에서 상공업이 발전했지. 물건을 대량으로 구매하니 상업이 발달하고, 필요한 물품을 주문해서 만드니 수공업이 발달한 거지.

상업이 발달하니 화폐 이용도 활발해져서, 이때 처음으로 화폐(상평통보)가 전국적으로 쓰이기 시작했단다. 그전까지는 국가에서 여러 가지 화폐를 만들어 사용을 장려했지만, 백성들에게 외면받기만 했거든. 상업이 발달하고 화폐가 널리 쓰이니 시장 또한 크게 늘어났어. 덩달아 상인들의 수가 늘어났을 뿐 아니라 큰돈을 벌기도 했지. 부자 농민에 이어 부자 상인도 생겨난 거야.

조선 후기 산업과 경제의 발전

- 농지 감소 → 모내기법 확산 → 농업 생산량 증가
- 작업량 감소 → 광작 발생 → 부자 농민 발생
- 상인, 노동자 발생 → 상공업 발달
- 대동법 시행 → 공인 활동 → 화폐 유통 증가 →
  시장(장시) 발달 → 상공업 발달

흔들흔들 신분제

정치도 바뀌고 경제도 변했지만, 양란 이후 가장 큰 변화를 겪은 것은
뭐니 뭐니 해도 신분제였어. 대구 지역의 호적을 보면 분명히 알 수 있
지. 병자호란이 끝나고 54년 남짓 지난 1690년에는 전체 인구의 9.2%
에 불과하던 양반이 약 170년이 지난 1858년이 되면 70.3%에 이르거
든. 우째 이런 일이? 여기에는 몇 가지 이유가 있어.

우선 양란 이후 곳간이 텅텅 빈 국가가 벼슬을 팔기 시작했어. 물론 실
제로 근무하는 관직은 아니고, 일종의 명예직이었지만 말이야. 부유한
상민이 벼슬을 사면 자연스럽게 양반으로 신분이 상승했지. 아예 돈으
로 족보를 사거나 위조해서 양반 행세를 하는 상민들도 있었어. 하지만
이렇게 되자 결과적으로 국가 수입이 크게 줄어들었어. 왜냐고? 양반은
세금을 안 냈거든. 해결책은? 역시 세금을 안 내는 천민을 세금 내는 상
민으로 업그레이드시키는 것!

조선 후기 대구 지역 신분의 변화

	양반	상민	천민
1690년 (숙종 16)	9.2%	53.7%	37.1%
1729년 (영조 5)	18.7%	54.7%	26.6%
1783년 (정조 7)	37.5%	57.5%	5.0%
1858년 (철종 9)	70.3%	28.2%	1.5%

정부가 1801년에 전국의 관청에 소속된 노비(공노비)들을 전부 해방시켜 준 것도 이런 이유 때문이었어. 그래서 1690년에 37.1%였던 대구 지역의 노비가 1858년에는 1.5%밖에 남지 않은 거야. 하지만 이런 노력에도 불구하고 상민의 비중은 계속 줄어들었지.

시간이 갈수록 백성들의 생활은 어려워졌어. 세금 내는 상민이 줄어들었는데도 나라가 가져가는 세금은 줄지 않았거든. 결국 한 사람이 내야 할 세금이 늘어난 셈이지. 거기다 세도가에게 돈을 주고 벼슬을 산 관리들까지 자기 주머니를 채우면서 문제는 더욱 악화되었어. 백성들은 부글부글 끓어올랐고, 마침내 전국 곳곳에서 농민 봉기가 일어나게 되었단다. 대표적인 사건으로는 홍경래의 난과 임술 농민 봉기를 들 수 있어.

홍경래의 난이 일어난 평안도는 일찍부터 상업과 광업이 발달해 부유한 지역이었어. 중국(청나라)과의 국경 지역이라 무역이 활발하고 광산이 많았으니까. 그래서 나라가 가져가고 관리가 뜯어가는 돈이 많았는데, 조선 정부는 평안도 사람들을 관리로 뽑지 않는 등 차별 대우를 일삼았어. 이렇게 쌓이고 쌓인 불만이 1811년 홍경래의 난으로 폭발한 거야.

비록 4개월 만에 진압되었지만, 세도 정치가 시작되고 얼마 지나지 않아 벌어진 대규모 봉기라 의미가 커. 홍경래의 난 이후 약 50년 만에 일어난 임술 농민 봉기는 그야말로 전국적인 규모의 봉기였어. 남부 지방을 중심으로 전국 70개 지역에서 봉기가 일어났거든. 말도 안 되는 세금 징수에 맞서 일어난 농민군은 한때 진주성을 점령할 정도로 기세를 올렸지. 결국 봉기는 하나씩 진압되었지만, 이 사건으로 농민들의 사회의식은 한층 높아지게 되었단다.

정치는 어지럽고 사회는 혼란을 거듭했지만, 조선 후기의 문화는 눈부시게 발전했어. 먼저 예술가와 학자들은 중국을 모방하던 것에서 벗어나 우리만의 문화를 만드는 데 열중했지. 조선의 사대부들에게 여진족이 세운 청나라는 오랑캐일 뿐이었거든. 우리가 따르던 중국은 사라진 셈이지. 이제 유교의 가르침을 철저히 따르는 나라는 조선밖에 남지 않은 거야.

중국에 대해 공부하던 학자들은 우리 역사와 지리를 연구하기 시작했고, 중국의 산수화를 모방하던 화가들은 우리 산수를 직접 보고 그리기 시작했지. 안정복은 《동사강목》을 통해 고조선부터 고려까지의 우리 역사를 체계적으로 정리했고, 유득공은 《발해고》에서 발해를 우리 역사로 보고 '남북국 시대'라는 말을 처음 썼어. 이중환의 《택리지》는 조선 팔도

안개 가득한 인왕산, 정말 멋있지?

정선의 〈인왕제색도〉

각 지역을 상세히 기록했고, 김정호는 정확한 한반도 지도인 〈대동여지도〉를 만들었어.

훈민정음에 대한 관심도 높아져서 신경준의 《훈민정음운해》와 유희의 《언문지》 같은 책도 나왔단다. 화가 정선은 인왕산과 금강산을 직접 보고 〈인왕제색도〉와 〈금강전도〉를 그렸는데, 이처럼 중국이 아닌 우리 산수를 직접 보고 그린 그림을 '진경 산수화'라고 불러. 이 밖에 조선 사람들의 일상을 담은 풍속화도 유행했어. 우리에게 익숙한 김홍도와 신윤복은 당시 풍속화의 대가들이었지.

조선 후기에는 일반 백성들의 문화 수준도 높아졌어. 농업과 상공업의 발달로 먹고살 만해진 백성들이 문화에도 관심을 갖기 시작했거든. 백성들은 《홍길동전》이나 《춘향전》 같은 한글 소설을 읽었고, 딱딱한 형식에 얽매이지 않은 사설시조를 지었으며, 지금까지 이어지는 판소리, 탈춤, 인형극, 가면극 등을 즐겼어. 작품들은 양반들의 잘못을 꼬집거나, 사회 문제를 비판하는 내용을 담기도 했단다. 농민 봉기를 통해 한층 높아진 백성들의 사회의식이 문화에도 반영된 거지.

간단 정리! 조선 후기 예술인들의 우리 것 찾기

우리 역사	안정복 《동사강목》, 유득공 《발해고》
우리 지리	이중환 《택리지》, 김정호 〈대동여지도〉
우리 언어	신경준 《훈민정음운해》, 유희 《언문지》
우리 그림	진경 산수화(정선), 풍속도(김홍도, 신윤복)

서양은 서학, 우리는 동학!

신분제가 흔들리고 사회의식이 성장하면서 사람들은 그때까지 절대 진리로 받아들였던 유교를 의심하기 시작했는데, 이런 사람들의 마음을 파고든 것이 바로 서양의 천주교였어. '하느님 앞에서는 누구나 평등하다'는 천주교의 교리가 신분제로 고통받던 사람들 마음에 딱 맞았던 거지.

그런데 17세기 무렵 우리나라에 들어온 천주교는 '서학'이라는 이름으로 불렸어. 당시 청나라를 통해 천주교를 받아들인 조선 사람들은 그것을 '서양의 학문' 중 하나로 생각했거든. 그래서 천주교의 교리를 담은 《천주실의》 같은 책을 읽으며 천주교를 '공부'하기 시작했지. 그러다 18세기로 접어들면서 서학은 학문을 넘어 종교로 믿기 시작했단다.

서학을 받아들인 것은 대부분 새로운 세상을 꿈꾸는 사람들이었어. 권력에서 밀려난 남인 학자들, 출셋길이 막혀 있는 중인들, 세금으로 고통받는 상민들, 여자이기 때문에 더 큰 차별을 받아야 했던 부녀자들……. 이렇게 서학이 많은 사람들에게 퍼져나가자 조선 정부는 서학을 '사악한 학문(사학)'으로 규정하고 금지했어. 여기에는 서학을 믿는 이들이 우상 숭배를 금지한 교리에 따라 조상에게 제사 지내는 것을 거부한 것도 한몫을 했지. 초반에는 그냥 금지하는 수준이었지만 점점 탄압의 강도가 세져서, 나중에는 서학을 믿는다는 이유만으로 수많은 사람들이 목숨을 잃는 일까지 생기게 되었단다.

김대건 신부

다른 세상을 꿈꾸었던 사람들이 모두 서학을 받아들인 것은 아니야. 조상 제사를 금지하는 서학의 교리는 일반 백성들도 선뜻 받아들이기 힘들었거든. 더구나 서양인들이 중국을 침략했다는 소식이 퍼지면서 서학에 대한 거부감은 더 커졌단다. 그래도 서학의 평등사상은 꽤나 매력적인 것이었지.

그렇다면 방법은? 우리도 만민이 평등한 종교를 만들면 되잖아! 그래서 태어난 것이 동학이야. 서학에 대립한다는 의미에서 동학이라 지었지만, 모든 사람이 평등하다는 교리는 서학과 같았지. 동학을 만든 최제우는 서학뿐 아니라 오래전부터 내려오던 유불선(유교, 불교, 도교)의 장점을 더하고, 여전히 백성들이 믿고 있는 민간 신앙까지 받아들여 동학을 만들었어.

동학의 핵심 사상은 '인내천(人乃天)'이야. '사람이 곧 하늘'이란 뜻이지. 모든 사람이 하늘이므로 모두가 똑같이 귀한 존재인 거야. 물론 조상에 대한 제사는 계속 지냈지. 조상 또한 귀한 하늘이므로 제사를 통해 잘 모셔야 했거든.

하지만 조선 정부는 동학도 탄압했어. "사악한 교리로 백성들을 속이고 세상을 어지럽힌다"는 이유였지만, 사실은 동학의 평등사상을 받아들일 수 없었던 거야. 모두가 평등하면 양반 지배층도 똑같이 세금을 내고 똑같이 일을 해야 하니까. 결국 최제우는 처형을 당했지만, 동학은 더욱 빠른 속도로 백성들 사이에 퍼져나갔단다.

토지 개혁이냐, 상업 장려냐? 실학의 두 갈래

정치가 바뀌고, 사회가 변하고, 종교까지 새로 생겨났으니 학문도 가만 히 있을 수는 없었지. 더구나 조선 건국의 이념이었던 성리학으로는 고 통받는 백성들을 위해 할 수 있는 일이 거의 없었거든. 오히려 성리학의 질서에 도전하는 농민 봉기와 종교 등이 생겨나고 있었으니 말이야.

그래서 조선 후기에는 실학이 나타났어. 성리학이 줄기차게 명분을 강 조했다면, 실학은 백성들의 삶에 실질적인 도움을 주고자 했어. 실학자 들은 농업을 개혁해서 백성들의 어려움을 해결하려는 학자들과 상업을 발전시켜 사회를 바꾸려는 학자들로 나뉘었어.

농업을 중시하는 학자들이 한결같이 주장한 것은 토지 제도의 개혁이었 어. 조선 후기에는 일부 지주들이 많은 토지를 소유하고, 대다수 농민은 먹고살 수 없을 만큼 작은 땅을 가졌거든. 그마저도 전혀 갖지 못한 채, 남의 땅에 농사를 지어 절반 이상을 소작료로 내는 농민들도 많았고.

18년간의 유배 생활 동안 쓴 책만 수백 권!

정약용

이 문제를 해결하려면 토지 제도를 바꾸는 것 말고는 방법이 없었어. 그래서 유형원은 《반계수록》을 통해 신분에 따라 차등을 두되, 농민에게도 토지를 골고루 나눠주자는 '균전론'을 주장했고, 조선 최초의 백과사전인 《성호사설》의 저자 이익은 개인의 토지 소유에 제한을 두자는 '한전론'을 주장했어. 자타가 공인하는 실학의 대표 학자인 정약용은 《여유당전서》에 담긴 〈전론〉이란 글에서 개인이 아니라 마을이 토지를 공동 소유해야 한다는 '여전론'을 내세웠지.

상업을 중시했던 실학자들은 조금 뒤에 등장했어. 이들은 백성들이 잘

사는 나라를 만들려면 상업을 발전시켜야 한다고 주장했지. 또 청나라를 통해 발달된 기술과 문물을 들여와야 한다고 주장했기 때문에 '북학파'라고도 불렀어. 북학(北學)이란 '북쪽의 학문', 그러니까 북쪽에 있는 청나라의 앞선 학문을 말하는 것이야. 이들 중 박제가는 청나라에 다녀온 경험을 바탕으로 《북학의》를 쓰기도 했어. 그는 이 책에서 "돈이란 우물과 같아서 계속 쓰지 않으면 말라버린다"고 이야기하며 소비를 강조했지. 줄곧 근검절약을 강조해온 성리학자들과는 사뭇 다른 주장이야.

박지원은 《열하일기》에서 조선이 가난을 벗어나려면 수레를 써야 한다고 주장했어. 이건 수레가 다닐 수 있도록 길을 닦고, 물건을 유통시켜 상업을 발달시켜야 한다는 이야기야. 박제가도 같은 주장을 한 적이 있는 것을 보면, 당시 북학파 학자들에게 수레 사용은 대단히 중요한 문제였나 봐. 역시 북학파였던 유수원은 《우서》에서 기술 혁신을 통해 상공업을 발달시켜야 한다고 주장했지.

이렇게 많은 실학자들이 다양한 주장을 펼쳤지만, 문제는 이들 중 어느 누구도 권력을 가지고 있지 않다는 것이었어. 결국 이들의 주장은 현실이 되지 못했지. 하지만 실학은 이후 많은 사람들에게 영향을 주었단다. 특히 외국의 앞선 문물을 받아들여야 한다는 북학파의 주장은 훗날 개화파로 이어졌어.

간단 정리! 조선 후기 실학

구분	학자	저서	주장
농업 중시	유형원	《반계수록》	균전론
	이익	《성호사설》	한전론
	정약용	《여유당전서》	여전론
상업 중시 (북학파)	박제가	《북학의》	소비 강조
	박지원	《열하일기》	수레 도입
	유수원	《우서》	기술 혁신

근대

근대화의 물결, 익사해서 식민지

구쌤의 흐름 잡기

한국사의 근대는 크게 두 시기로 나뉘어. 개항에서 일제의 강제 병합까지, 그리고 강제 병합에서 8·15 해방까지.

개항과 함께 근대화의 물결이 쓰나미처럼 밀어닥쳤어. 그 와중에 조선 정부와 양반들, 개화파, 농민들뿐 아니라 청나라, 일본, 러시아까지 뒤섞여 충돌을 이어갔지. 임오군란, 갑신정변, 동학 농민 운동, 청일 전쟁, 러일 전쟁 등이 그것들이야. 이 과정에서 조선인들은 근대적인 자주 국가를 세우기 위해 여러 가지 노력을 했지만 아쉽게도 실패하여, 결국 일본의 식민지로 떨어지고 말았단다.

일제 강점기에서 눈여겨봐야 할 것은 우리의 독립운동과 일제의 지배 정책 그리고 당시 국제 정세야. 이것들이 한데 어우러져 결국 해방으로 이어지니까.

미리 보는 연표

1863년	고종 즉위	→ 흥선 대원군의 개혁 정치
1866년	병인박해, 제너럴셔먼호 사건, 병인양요	
1868년	오페르트, 남연군 무덤 도굴	
1871년	신미양요	
1876년	강화도 조약(개항)	→ 근대의 시작
1884년	갑신정변	
1894년	동학 농민 운동, 청일 전쟁, 갑오개혁	
1897년	대한제국 선포	→ 자주적 근대 국가 수립을 위한 노력
1904년	러일 전쟁	
1905년	을사조약	
1907년	헤이그 특사 파견, 고종 강제 퇴위	
1910년	한일 강제 병합	→ 일제 강점기 시작
1919년	3·1운동, 대한민국 임시 정부 수립	→ 독립운동 전개
1920년	봉오동 전투, 청산리 대첩	
1927년	신간회 설립	
1932년	이봉창, 윤봉길 의거	
1937년	중일 전쟁	
1941년	태평양 전쟁	
1945년	8·15 해방	→ 현대의 시작

흥선 대원군, 세도 정치를 끝장내다

세도 정치가 기승을 부리던 1863년, 조선의 제25대 국왕인 철종이 아들 없이 세상을 떠났어. 당시 왕실의 가장 큰 어른인 조 대비는 철종의 친척인 열두 살의 고종을 다음 왕으로 지명했지. 누구도 예상치 못한 깜짝 지명이었지만, 조 대비와 고종의 아버지 흥선 대원군 사이에는 이미 이야기가 끝나 있었지(대원군은 왕의 아버지를 부르는 존칭이야).

그렇게 고종은 왕위에 올랐고, 아들을 대신해 권력을 잡은 흥선 대원군은 세도 정치를 끝장냈단다. 관직을 마음대로 사고팔 정도로 부패한 세도 정치 때문에 나라 꼴이 말이 아니었으니까. 도저히 참다못한 농민들이 들고일어난 임술 농민 봉기가 바로 한 해 전의 일이었어. 더구나 세도 정치 아래서는 왕권도 바닥을 칠 수밖에 없었거든. 흥선 대원군은 나라를 바로 세우기 위해선 왕권 강화가 꼭 필요하다 생각했는데 말이야.

흥선 대원군은 먼저 대표적 세도가였던 안동 김씨 세력을 관직에서 쫓아냈어. 그리고 왕실의 권위를 세우기 위해 경복궁을 크게 다시 지었지. 임진왜란 때 불타버린 경복궁은 그때까지도 폐허로 남아 있었거든. 전국 곳곳에서 사림의 권력 기관 노릇을 하던 서원도 일부만 남기고 모두 없애버렸어. 사림의 힘이 크면 임금의 힘이 약할 수밖에 없었으니까.

양반에게도 상민처럼 세금을 걷게 하고(호포제), 가난한 백성에게 곡식을 빌려주는 사창제를 실시했지. 그러니 백성들이 좋아할 수밖에. 하지만 무리한 경복궁 공사 때문에 각종 세금이 늘자 백성들의 불만도 커져갔어. 공사 비용을 마련하려고 상평통보 100개의 가치가 있는 '당백전'을 발행하면서 경제도 혼란에 빠졌단다.

왕권을 강화해야 나라가 바로 선다!

흥선 대원군

프랑스도 미국도 한 주먹거리?

이 무렵 조선에는 '이상한 모양의 배(이양선)'들이 출몰하고 있었어. 중국을 거의 삼켜버린 서양 국가들이 조선까지 세력을 뻗어왔던 거야. 이들이 원한 것은 조선과의 무역이었어. 자본주의가 먼저 발달한 서양 국가들은 자기 나라 상품을 판매할 시장이 필요했거든.

그러나 조선의 입장에선 서양의 물건이 별로 필요가 없었어. 그것 없이도 수천 년간 잘 살아왔으니까. 더구나 중국이 서양 세력의 침략으로 큰 고통을 겪고 있다는 소식까지 들었으니 잔뜩 경계할 수밖에.

그러던 중 프랑스 선교사를 비롯한 천주교인들을 조선 정부가 처형하는 사건이 벌어지자(병인박해), 이를 구실 삼아 프랑스가 강화도를 침략했어(병인양요). 다행히 프랑스군을 물리칠 수 있었지만 우리가 입은 피해도 만만치 않았지.

강화도 외규장각에 있던 귀한 책들과 문화재가 약탈당한 것도 이때의 일이야. 병인양요가 일어나고 2년 뒤에는 독일인 오페르트가 흥선 대원군의 아버지 무덤을 도굴하려 했어. 다행히 도굴은 실패했지만, 이 일을 계기로 흥선 대원군과 조선인들은 서양 세력을 더욱 안 좋게 생각하게 되었지. 남의 아버지 무덤을 도굴하다니, 이건 오랑캐들이나 하는 짓이잖아?

그리고 3년 뒤, 이번에는 미국 함대가 강화도를 공격했어(신미양요). 몇 해 전 통상을 요구하던 미국 상선 제너럴셔먼호가 조선인들의 공격으로 침몰했다는 것이 이유였지. 미국 역시 조선에 큰 피해를 입히고 물러났어.

병인양요와 신미양요에 오페르트 도굴 사건까지, 흥선 대원군은 서양 세력의 침략을 막기 위해 나라 문을 굳게 닫아걸기로 했지. 그리고 나라 곳곳에 '서양 오랑캐와 화친을 주장하는 자는 매국노다'라는 내용을 새긴 척화비를 세웠어. 북학파를 이은 개화파가 나라 문을 열자고 주장했지만, 흥선 대원군은 물론이고 일반 백성들도 서양 세력의 침략을 막는 것이 우선이라고 생각했단다.

간단 정리! 흥선 대원군이 한 일

왕권 강화	세도 정치 철폐, 경복궁 중건, 서원 철폐, 호포제
민생 안정	사창제
쇄국 정책	병인양요, 신미양요

아이쿠! 일본과 강화도 조약

서양 세력을 잘 막아낸 조선은, 엉뚱하게도 일본의 협박에 나라 문을 열게 되었어. 수십 년 전 미국에 의해 강제로 개항된 일본은 서양 문물을 빠르게 받아들여, 어느새 서양 나라들처럼 식민지가 필요했거든.

그래서 가까운 조선을 목표로 정한 뒤, 운요호라는 전함을 강화도로 보내 시비를 걸고, 조선의 공격을 받자 이를 핑계로 군함들을 파견해 개항을 요구했어. 결국 조선은 일본과 강화도 조약을 맺으면서 부산과 원산, 인천 등 세 개의 항구를 개방했지.

그런데 조금 이상하지 않아? 아무리 군함을 보내 위협했다고는 하지만, 프랑스나 미국과는 목숨을 걸고 싸웠으면서 왜 일본의 협박에는 순순히 응했을까? 여기에는 조선의 내부 사정도 한몫했어. 이때는 흥선 대원군이 물러나고 고종이 직접 나라를 다스리고 있었거든. 고종도 이제 어른이 되었으니까.

그런데 고종은 아버지 흥선 대원군과 생각이 달랐어. 개항을 통해 외국 문물을 받아들이는 것이 조선에 더 도움이 된다고 생각했단다. 고종과 함께 정치에 깊이 관여했던 명성 황후도 같은 생각이었어.

강화도 조약은 명백히 불평등 조약이었어. 일본 마음대로 조선의 해안선을 측량할 수 있을 뿐 아니라 일본인이 조선 땅에서 범죄를 저질러도 조선 정부는 처벌할 수 없었거든. 어쨌든 일본의 뒤를 이어 미국, 영국, 독일, 러시아, 프랑스 등과도 조약을 맺었지. 나라의 문은 열렸고, 근대의 물결은 쏟아져 들어오기 시작했어. 자칫하면 그 속에 빠져 죽을 수도 있는 상황. 사람들은 저마다 최선을 다해 살아남으려는 몸부림을 시작했어. 조선 정부도, 양반들도, 개화파도, 농민들도. 여기에 조선을 자기 영향력 아래 두려는 청나라와 일본, 러시아까지 합세하면서 개항 이후 우리 역사는 장마철의 계곡물처럼 요동치면서 흘러가게 된단다.

병인양요와 신미양요 그리고 운요호 사건이 벌어진 역사의 현장이야.

강화도 초지진

개항 후 충돌① 임오군란 조선 정부+청나라 vs 위정척사파

조선 정부는 하루라도 빨리 근대 문물을 받아들이려고 온갖 노력을 기울였어. 그래야 자신들의 권력을 유지할 테니까. 일본에는 수신사, 청나라엔 영선사, 미국에 보빙사를 파견하여 앞선 문물을 배워오게 했지. 개화 정책을 총괄하는 부서인 통리기무아문을 설치하고, 신식 군대인 별기군을 창설했어.

하지만 아직도 성리학에 충실한 양반 지배층은 새로운 문물이 영 못마땅해. 이들은 흥선 대원군과 생각이 같았지. 서양 문물이 들어오는 것을 막지는 못했으나, 최선을 다해 몰아내는 것이 정답이야. 하루라도 더 빨리 새로운 문물을 받아들여야 한다는 개화파와 정반대 입장을 가진 이들을 '위정척사파'라고 불러. 바른 것(성리학)을 지키고, 사악한 것(서양 문물)을 배척한다는 뜻이지.

개항 이후 최초의 충돌은 개화를 추진하던 정부와 위정척사파 사이에서 벌어졌어. 도화선이 된 사건은 임오군란. 신식 군대인 별기군과의 차별 대우에 불만이 쌓인 구식 군대가 일으킨 반란이야. 1년 넘게 밀린 급료를 겨우 쌀로 받았는데, 차마 먹을 수 없는 불량품이 나왔거든.

군인들은 개화파 정부를 몰아내고 위정척사파의 대부라 할 수 있는 흥선 대원군에게 권력을 넘기지. 하지만 호시탐탐 조선에 영향력을 행사하려고 엿보던 청나라가 군대를 파견해 흥선 대원군을 중국으로 납치해 버려. 임오군란은 실패로 끝났고 고종은 다시 권력을 쥐었지만, 청나라의 간섭을 피할 수 없었지.

별기군

갑신정변 조선 정부+청나라 vs 급진 개화파+일본

두 번째 충돌은 조선 정부와 개화파, 그중에서도 더 급격한 개화만이 조선이 살길이라고 믿는 급진 개화파 사이에서 벌어졌어. 급진 개화파가 주목한 것은 일본의 메이지 유신이었어. 메이지 유신이란 일본이 개항 이후 메이지 천황을 중심으로 추진한 급진적인 개혁이야. 이전까지 일본 천황은 허수아비였고 실제 통치는 쇼군이 했는데, 메이지 유신을 통해 권력을 잡은 천황이 급격한 근대화를 추진한 거지.

이를 통해 일본은 빠른 시간 안에 서양 국가들과 어깨를 나란히 겨룰 정도로 근대 국가의 모습을 갖출 수 있었어. 그래서 조선의 급진 개화파도 메이지 유신과 같은 개혁을 요구했던 거야. 정부가 이를 받아들이지 않자, 이들은 쿠데타를 일으키기로 결정했어. 그리고 조선 최초의 우체국인 우정국이 문을 여는 날, 축하 잔치에 초대된 정부 고위 관계자들을 죽이고 권력을 잡으려 했지. 이 사건을 '갑신정변'이라고 불러.

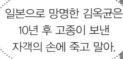
일본으로 망명한 김옥균은
10년 후 고종이 보낸
자객의 손에 죽고 말아.

김옥균

처음에는 갑신정변이 성공하는 것처럼 보였어. 급진 개화파가 고종을 인질로 잡고 권력을 쥐었으니까. 하지만 그건 딱 3일뿐이었어. 지원을 약속했던 일본은 미적거렸고, 임오군란 때 개입했던 청나라가 이번에도 신속하게 군대를 파견해서 급진 개화파를 공격했거든. 결국 갑신정변은 실패했고, 주모자인 김옥균과 박영효 등은 겨우 목숨을 건져 일본으로 망명했어. 물론 많은 급진 개화파들이 청나라 군사의 칼에 목숨을 잃었지.

동학 농민 운동과 청일 전쟁
조선 정부+일본 vs 동학 농민군, 청나라 vs 일본

갑신정변이 일어나고 10년 뒤, 이번에는 참고 있던 농민들이 들고일어났어. 개항 이후 일본과 청나라가 조선을 장악하면서 농민들의 생활이 점점 더 어려워졌거든. 일본 상인의 농간에 쌀값이 폭등하고, 청나라 상인 또한 많은 이익을 챙겨갔지. 거기다 관리들의 부정까지 겹치면서 농민들은 도저히 참을 수가 없었던 거야. 부글부글 끓고 있던 농민들은 전라도 고부 군수 조병갑이 부당한 세금을 거두자 폭발하고 말았어.

그런데 이 봉기를 이끈 전봉준은 동학 지도자였고, 봉기에 가담한 농민 상당수는 동학 교도였지. 아까 "최제우는 처형을 당했지만, 동학은 더욱 빠른 속도로 백성들 사이에 퍼져나갔단다"고 이야기했던 것 기억하지? 봉기는 근처로 확산되었는데, 그곳에서도 동학 지도자들이 봉기를 이끌면서 이 사건은 '동학 농민 운동'이라고 불리게 되었단다.

동학 농민군은 연일 관군을 무찌르며 전라도에서 가장 큰 전주성을 점령하기에 이르렀어. 다급해진 조선 정부는 청나라에 구원을 요청하고, 청나라 군대가 출동하자 일본군도 같이 출동했어. 이거 자칫하다간 외세가 조선을 침략하는 전쟁이 벌어질 것 같아. 고민하던 농민군은 외국 군대가 물러가는 것을 조건으로 자진 해산했어.

물론 정부가 지금까지의 잘못을 고친다는 약속도 받아냈지. 그런데 청나라와 일본은 물러가지 않고 자기들끼리 전쟁을 벌였어. 이를 보다 못한 농민군은 다시 봉기했지만, 일본군에 패하고 말았지. 끝까지 봉기를 이끌었던 전봉준은 결국 붙잡혀 처형되었단다.

그렇다고 동학 농민 운동이 아무 성과 없이 끝난 것은 아니야. 일본의 압력으로 조선 정부가 추진한 갑오개혁에 농민들의 요구 사항도 많이 반영되었거든. 조선 시대 내내 농민들을 괴롭혔던 신분제가 철폐되고, 세금 제도가 개혁된 것 등이 그 성과였지.

전봉준과 동학 농민군

고종이 스스로 황제가 된 까닭은?

청일 전쟁에서 이긴 일본이 조선을 차지하는 것은 시간문제처럼 보였어. 하지만 청나라가 물러가자 새로운 라이벌이 등장했지. 호시탐탐 남쪽으로 세력을 뻗칠 기회만 노리던 러시아가 일본의 질주에 제동을 건 거야. 일본은 청일 전쟁 승리의 대가로 중국의 랴오둥 반도를 받았는데, 러시아가 프랑스, 독일과 함께 일본에 반환할 것을 요구했어(삼국 간섭). 아직 힘이 부족했던 일본은 울며 겨자 먹기로 이 요구를 받아들였고. 이 일을 통해 러시아가 일본의 새로운 라이벌로 떠오르자 고종과 명성 황후는 러시아를 이용해서 일본을 견제하려고 해.

그러자 일본은 어처구니없는 일을 저질렀어. 군인과 무사들을 궁궐로

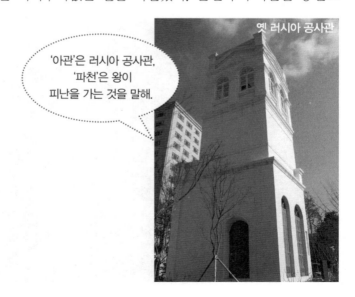

'아관'은 러시아 공사관, '파천'은 왕이 피난을 가는 것을 말해.

옛 러시아 공사관

보내 명성 황후를 살해한 거야. 목숨에 위협을 느낀 고종은 러시아 공사관으로 피신하여, 1년 동안 그곳에 머물렀지(아관 파천). 국왕이 남의 나라 공사관에 있으니 무슨 정치가 제대로 되었겠어? 이 기간 동안 러시아뿐 아니라 영국, 미국, 독일 같은 나라들이 광산이나 삼림 등 각종 이권을 챙겨갔단다.

상황이 이렇게 되자 백성들은 고종에게 궁궐로 돌아올 것을 요구했는데, 그 중심에는 독립 협회가 있었어. 급진 개화파의 일원이던 서재필이 주도한 독립 협회는 외세에 휘둘리는 조선의 자주독립을 위해 만들어진 단체야. 백성들의 성금을 모아 독립문을 세우고, 최초의 한글 신문인 독립신문을 발행하고, 누구나 참여할 수 있는 공개 토론회인 만민 공동회를 개최했지.

독립 협회와 백성들의 요청을 받은 고종은 1년 만에 경운궁으로 돌아왔어. 경운궁이 어디냐고? 덕수궁의 원래 이름이 경운궁이야. 경운궁으로 돌아온 고종은 조선이란 나라 이름을 대한제국으로 바꾸고 스스로 황제의 자리에 올라. 이제부터는 우리도 당당한 자주독립 국가이자 근대 국가임을 세계만방에 선언한 거야.

그리고 공장을 세우고 기술 교육을 하는 등 각종 근대 개혁을 추진하지. 일단 선언을 먼저 하고, 거기에 걸맞은 모습이 되기 위해 노력했던 것으로 볼 수 있겠네. 하지만 자주독립 국가로 가는 길은 쉽지 않았어. 한반도를 노리고 있던 강대국들이 가만히 있지 않았거든.

러일 전쟁과 항일 운동
러시아 vs 일본, 대한제국 vs 일본

청일 전쟁 이후 10년, 이번에는 러시아와 일본의 전쟁이 일어났어. 한반도를 둘러싸고 강대국 간의 마지막 결전이 벌어진 거야. 결과는? 모두의 예상을 뒤엎고 일본의 승리! 일본 군대가 강하기도 했지만, 당시 러시아를 통치하고 있던 차르 정부가 무능하기 짝이 없었거든.

이제 일본이 한반도를 침략하는 데 경쟁자는 사라졌어. 일본은 차근차근 조선을 먹어들어오기 시작했지. 우선 일본은 대한제국의 외교권을 빼앗는 을사조약을 강요했어. 고종은 끝까지 서명을 거부했지만 결국 조선은 일본의 보호국이 되었지. 그리고 2년 뒤, 일본은 대한제국의 군대마저 해산해버렸어.

이제 모든 게 끝나고, 한반도는 일본의 식민지가 되는 일만 남은 것일까? 그렇지 않아! 무력하게 당하기만 하던 대한제국 정부를 대신해서 백성들이 항일 투쟁에 나섰거든. 임진왜란 때 그랬듯이 의병을 조직해 일본군과 맞서 싸웠고, 사람들을 일깨워 함께 자주독립을 이루기 위해 애국 계몽 운동을 벌였지.

의병 활동을 벌였던 안중근 의사는 당시 일본 침략의 총책임자인 이토 히로부미를 사살했어. 고종도 가만히 있지 않았지. 일본의 부당한 침략을 전 세계에 알리기 위해 헤이그 만국 평화 회의에 특사를 파견했어.

하지만 상대는 너무 강했고, 국제 정세 또한 우리에게 불리한 쪽으로 움직였어. 전국적으로 일어난 의병은 일본의 공격으로 중국 만주나 러시아 연해주로 옮겨야 했고, 애국 계몽 운동으로 민족의 실력을 키우기에는 일본의 침략이 너무 빠르게 진행되었지.

이토 히로부미가 죽자 새로운 인물이 일본의 침략을 지휘했어. 헤이그에 도착한 고종의 특사들은 강대국들이 주도하는 국제 사회의 외면을 받았고, 오히려 일본은 이걸 핑계로 고종을 퇴위시켜버렸어. 그리고 마침내 1910년 8월 29일, 대한제국은 역사 속으로 사라지고 한반도는 일본의 식민지가 되고 말았단다.

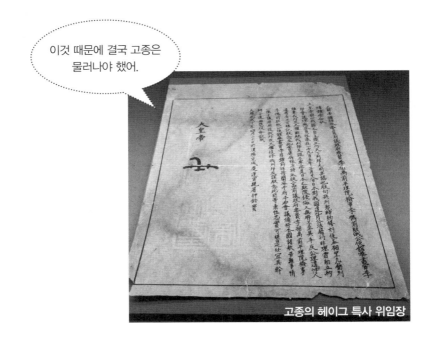

이것 때문에 결국 고종은 물러나야 했어.

고종의 헤이그 특사 위임장

대한 독립 만세! 만세! 만세!

드디어 일제 강점기로 넘어왔군. 아까 '구쌤의 흐름 잡기'에서 이 시기는 뭘 봐야 한다고 했지? 그래, 독립운동의 역사와 일제 지배 정책의 변화 그리고 국제 정세. 그럼 지금부터 이 세 가지를 중심으로 일제 강점기 역사의 흐름을 잡아보기로 하자.

처음부터 일본은 한반도를 무력으로 통치하기 시작했어(무단 통치). 전국에 2만 명의 헌병 경찰과 보조원을 쫙 깔아놓고, 독립의 '독'자도 나오지 못하도록 공포 분위기를 조성했지.

근데 '헌병 경찰'이 뭐냐고? '군인의 경찰'인 헌병이 일반인들까지 담당해서 헌병 경찰이야. 일제가 조선을 완전히 군대식으로 지배했다는 말이지. 심지어는 학교 선생님들도 제복을 입고 칼을 차게 했다니까. 언론, 집회, 출판의 자유 같은 기본권을 억압하는 것은 기본이었고, '105인 사건'을 날조하여 독립운동가 수백 명을 체포하기도 했어.

여기다 토지 조사 사업을 벌여 토지를 빼앗고, 회사령을 만들어 한국인

3·1운동으로 투옥되어 목숨을 잃은 유관순 누나. 이때가 열아홉 살이었단다.

유관순

의 경제 활동을 제한했단다. 이러한 일제의 무단 통치가 얼마나 지독했던지, 우리 민족은 10년 가까이 한반도 안에서는 규모가 큰 독립운동을 할 수 없었을 정도야.

그러다 1918년 제1차 세계 대전이 끝나고 미국의 윌슨 대통령이 '민족 자결주의'를 제창했어. 이건 한마디로 민족의 문제는 그 민족 스스로 결정해야 한다는 주장이야. 그러니까 우리 민족의 독립도 우리가 결정할 수 있다는 뜻이 되네? 여기에 고무된 해외의 독립운동가들이 먼저 움직이기 시작했어. 도쿄의 유학생들도 1919년 2월 8일에 2·8 독립 선언을 발표했지. 이런 움직임들이 침체되어 있던 국내의 독립운동에 활력을 불어넣었단다.

드디어 1919년 3월 1일, 눌려왔던 울분이 폭발하면서 전국은 대한 독립 만세의 함성으로 뒤덮였어. 민족 대표 33인은 독립 선언서를 낭독하고 스스로 경찰에 체포되었어. 왜냐? 3·1 운동은 '비폭력 저항'을 운동 노선으로 삼았거든. 민족 대표들은 잡혀갔지만, 만세의 함성은 전국으로 퍼져나갔단다. 일제는 평화적인 운동을 총칼로 탄압했고, 이때 유관순을 비롯한 수많은 독립운동가들이 목숨을 잃었어.

결국 3·1 운동을 통해 원하던 독립을 이루지는 못했지만, 많은 성과를 얻었지. 그중에서도 가장 눈에 띄는 것이 대한민국 임시 정부의 탄생이야. 사실 이전에도 임시 정부는 있었는데, 세 곳으로 나뉘어 큰 힘을 발휘할 수 없었어. 그것들이 상하이의 대한민국 임시 정부로 통합되면서 우리의 독립운동을 대표하게 되었지. 또 3·1 운동은 중국의 항일 운동이었던 5·4 운동, 인도의 간디가 주도한 비폭력·불복종 운동에 영향을 끼치기도 했어.

간단 정리! 3·1 운동

영향을 받은 것	민족 자결주의(윌슨), 2·8 독립 선언(도쿄)
전개 과정	민족 대표 33인의 독립 선언서, 전국 200만 명 이상 참여, 일제의 무력 탄압
결과	독립 의지 고취, 대한민국 임시 정부(상하이) 탄생
영향을 준 것	5·4 운동(중국), 비폭력·불복종 운동(인도)

문화 통치는 기만 통치?

3·1 운동은 우리의 독립운동만 바꾸어놓은 것이 아니야. 일제의 지배 방식까지도 바꾸었지. 우리 민족을 계속 힘으로만 억누르는 것은 불가능하다는 걸 일제가 깨달았거든. 헌병 경찰을 일반 경찰로 바꾸고, 한글 신문과 잡지의 발행도 허용했어(문화 통치). 하지만 뒤로는 더욱더 철저하게 우리를 감시하고 억압했단다. 경찰의 수는 헌병 경찰보다 세 배 이상 많았고, 신문과 잡지는 검열을 철저히 했어.

거기다 산미 증식 계획을 추진해서 쌀 생산량이 늘어나긴 했는데, 그보다 더 많은 양을 가져가버렸어. 그렇다면 가만히 있을 우리가 아니지. 무단 통치에 3·1 운동으로 맞섰다면, 문화 통치에는 실력 양성 운동과 물산 장려 운동, 노동 운동과 농민 운동 등으로 저항했단다.

실력 양성 운동은 말 그대로 우리 민족의 실력을 키우려는 노력이야. 마침 일제의 문화 통치로 인해 활동 영역이 넓어졌으니, 이 기회를 이용해서 실력을 키우려 했지. 물산 장려 운동은 국산품 애용 운동이라고 이해하면 돼. 그런데 이게 무슨 독립운동이냐고? 우리 물건을 쓰면 우리 경제가 성장하고, 일본이 가져가는 이득이 줄어드니 독립에 도움이 되는 거지. 노동 운동과 농민 운동은 그 대상이 일본인 사업주나 지주를 대상으로 했기 때문에 독립운동이 되는 거야. 이 운동들은 결국 일제를 향한 투쟁으로 이어졌거든.

이 시기에 사회주의가 들어온 것도 독립운동에 도움이 되었어. 당시 사회주의는 식민지를 약탈하는 제국주의에 반대하는 사상이었으니까. 국내의 사회주의자들은 누구보다 앞장서서 일제에 반대하는 독립운동을 벌였지. 하지만 기존의 민족주의 세력과 대립하는 부작용도 있었단다.

신간회는 1927년에 좌익 사회주의와 우익 민족주의가 힘을 합쳐 만든 조직이었어. 신간회를 통해 좌우가 함께 독립운동을 해나갈 수 있었지. 이때는 해외에서 무장 독립군들이 일본을 상대로 독립 전쟁을 벌이기도 했는데, 청산리 대첩과 봉오동 전투에서 큰 성과를 거두었어.

민족 말살을 막아랏!

1930년대에 들어오면서 일제의 문화 통치는 '민족 말살 정책'으로 바뀌었어. 민족 말살이라, 이름만 들어도 무시무시하네. 실제로 우리말 대신 일본 말을, 우리 이름 대신 일본 이름을 쓰게 하면서 우리 민족을 없애려는 정책이었지.

일본이 이런 정책을 펴게 된 것은 그 당시 중일 전쟁과 태평양 전쟁을 일으키면서 한국인들까지 전쟁터에 끌고 나가기 위해서야. 전쟁터에서 무장한 한국인이 일본인에게 총을 겨누면 큰일 나잖아? 그러니 그전에 한국인이라는 생각을 완전히 없애기 위해 이런 일을 벌이게 된 거지.

조그만 저항에 대한 탄압도 무단 통치 때보다 훨씬 심해졌고, 집 안의

밥숟가락이며 당장 먹을 쌀까지 빼앗아갔단다. 물건뿐만 아니라 사람들도 전쟁터로 끌고 갔어. 남자들은 군인이나 일꾼으로 부려먹었고, 여자들은 군대 '위안부'로 데리고 가서 군인들의 성 노예로 삼았지.

일제가 민족을 말살하려고 하니 우리는 지켜야 했어. 조선어 학회에서는 우리글을 지켰고, 민족주의 사학자들은 우리 역사를 지켰지. 또 해외에서는 일본의 주요 인사들에게 폭탄을 던지는 항거가 일어났어.

윤봉길 의사는 상하이에서 일본의 군대 지휘관들에게 폭탄을 던졌고, 이봉창 의사는 일본 천왕의 마차에 폭탄을 던졌지. 아쉽게도 이봉창 의사의 폭탄은 불발에 그쳤지만, 윤봉길 의사의 의거는 성공해서 중국인들이 한국의 독립운동을 적극적으로 돕는 계기가 되었어. 이런 도움을 받아 임시 정부에서는 광복군을 창설하고 미군과 함께 국내로 진군할

조국의 독립을 위해
이 한 목숨 바치리!

윤봉길 의사

계획을 세우기도 했지. 우리의 끊임없는 독립운동과 일본군의 전쟁 패배로 드디어 우리 민족은 해방을 맞게 되었단다.

간단 정리! 일제의 지배 정책과 독립운동

일제의 지배 정책	우리의 독립운동
무단 통치(1910년대) 헌병 경찰, 기본권 억압, 토지 조사 사업, 회사령	2 · 8 독립 선언, 3 · 1 운동, 대한민국 임시 정부 수립
문화 통치(1920년대) 일반 경찰(숫자 늘림), 신문 · 잡지 허용(검열), 산미 증식 계획	실력 양성 운동, 물산 장려 운동, 노동 운동, 농민 운동, 무장 독립 투쟁(청산리 · 봉오동 전투)
민족 말살 정책(1930~1940년대) 우리 말과 글, 이름 없애기, 식량 공출, 남자는 군인이나 일꾼, 여성은 위안부로 끌고 감	윤봉길 · 이봉창 의사의 의거, 독립군 창설 후 미군과 국내 진군 계획, 조선어 학회와 민족 사학자들의 활동

현대

해방에서 분단으로, 분단에서 통일로

구쌤의 흐름 잡기

해방과 함께 시작된 현대는 근대 못지않은 변화의 시기야. 현재까지 이어지는 이 시기를 간단히 정리하면 다음과 같아. '분단과 전쟁, 혁명과 군사 정변으로 혼란을 겪던 대한민국은 산업화와 민주화를 이룩하고 통일로 가는 길목에 서 있다.'

좀 더 자세히 설명해볼까? 해방 이후 38선을 중심으로 한 미국과 소련의 분할 점령은 분단으로 이어졌어. 분단은 결국 전쟁으로 이어졌고, 휴전 후 남한 사회는 혁명과 군사 정변 같은 혼란이 계속되었지. 하지만 이러한 와중에도 많은 사람들의 노력으로 산업은 발전하고 민주화가 이루어졌어. 그리하여 남과 북은 두 차례의 남북 정상 회담을 개최하는 등 통일을 향해 나가고 있단다.

1945년	8 · 15 해방	현대의 시작
1948년	제주 4 · 3 사건, 대한민국 정부 수립, 북한 정권 수립	분단
1950년	6 · 25 전쟁	전쟁
1953년	휴전	
1960년	4 · 19 혁명	혁명
1961년	5 · 16 군사 정변	군사 정변
1962년	제1차 경제 개발 5개년 계획	산업화
1972년	7 · 4 남북 공동 혁명, 10월 유신	
1979년	12 · 12 군사 반란	
1980년	5 · 18 민주화 운동	
1987년	6월 민주 항쟁	민주화
1997년	국제 통화 기금(IMF) 구제 금융 요청	
2000년	제1차 남북 정상 회담	통일의 발걸음
2007년	제2차 남북 정상 회담	

해방보다 먼저 그어진 38선

1945년 8월 15일. 드디어 우리나라가 해방되었어. 그렇다면 이제부터 할 일은? 모두 힘을 모아 새로운 나라를 건설하는 것! 물론 일제의 잔재도 청산해야겠지. 다행히 해방 이전부터 일제가 곧 망하리라는 것을 알고 새 나라 건설을 준비하던 사람들이 있었어. 여운형은 해방 1년 전에 건국 동맹을 결성하고 해방 이후를 준비했어. 해방이 되자 건국 동맹을 조선 건국 준비 위원회로 바꾸고 치안을 유지하는 등 본격적인 활동을 시작했단다. 미군과 함께 국내 진군을 계획했던 대한민국 임시 정부는 건국 강령을 발표하고 민주 공화국의 수립을 선언했지. 하지만 이 일들은 처음부터 쉽지 않았어. 가장 큰 문제는 외세의 개입과 좌우의 분열이었어. 외세란 일본군을 몰아낸 뒤 한반도를 나누어 점령한 미국과 소련(지금의 러시아)이고, 좌우란 일제 강점기부터 대립해왔던 사회주의와 민족주의 세력을 말해.

미국과 소련은 일본이 항복하기 전부터 38선을 사이에 두고 한반도를 분할 점령하기로 합의했어. 해방보다 38선이 먼저 그어진 셈이야. 일본에 맞서는 연합국의 일원으로 함께 싸웠지만, 한편으로는 경쟁하고 있던 미국과 소련은 누구도 상대방이 한반도 전체를 차지하는 것을 바라지 않았거든. 그래서 한반도를 중간인 38선을 기준으로 나누는 데 합의한 거야. 그렇게 한반도의 남과 북에 자리 잡은 미국과 소련은 자신들의 입맛에 맞는 정권을 세우려 했어. 미국은 사회주의 계열의 좌익 정치 세력을 탄압하며 우익 진영을 키워주었고, 소련은 우익을 억압하고 좌익 세력을 밀어주었지.

그렇다면 우리끼리라도 한마음 한뜻이 되어 미국과 소련의 간섭을 물리쳐야 했는데, 당시 남북한의 정치 세력은 저마다 정권을 잡기 위해 서로 경쟁과 싸움을 벌였어. 결국 남한과 북한에 따로 정권이 들어섰고, 한반도는 둘로 나뉘게 되었단다.

북한의 김일성 정권이 들어서는 일은 비교적 순탄하게 진행되었어. 거기에 반대하는 사람들이 대거 남으로 내려왔으니까. 하지만 남한의 정부 수립 과정은 혼란과 충돌의 연속이었어. 그럼 지금부터 대한민국의 탄생 과정을 좀 더 자세히 알아보기로 하자.

좌우가 손을 잡아야 진짜 해방을 맞을 수 있어!

여운형

신탁 통치가 좌우를 가르다

혼란의 시작은 남한을 통치한 미국 군사 정부(미군정)였어. 이들은 마땅히 죄를 물어야 할 친일파를 그대로 각 기관에 고용했거든. 자기들이 일하기 편하다는 이유로 말이야. 여기다 미국, 영국, 소련이 한반도 문제를 논의한 모스크바 3상 회의에서 신탁 통치 문제를 거론하자 민심은 들끓었어.

신탁 통치란 '스스로 다스릴 능력이 없는 나라를 일정 기간 동안 대신 다스려주는 것'이야. 일제 강점기 내내 독립운동을 벌였던 우리로서는 받아들이기 힘든 일이었지. 그런데 사실 3상 회의에서 결정한 것은 신탁 통치가 아니었어. 미국과 소련이 공동 위원회를 만들고, 이를 통해 한국에 임시 민주 정부를 수립한 뒤, 미소 공동 위원회와 임시 민주 정부가 신탁 통치 문제를 논의하라는 것이었지.

하지만 신탁 통치란 말에 흥분한 한국인들은 무조건 신탁 통치 반대(반탁) 운동에 나섰어. 우익 세력은 이러한 상황을 이용해 권력을 잡으려고 소리 높여 반탁을 외쳤고, 처음에는 반탁을 주장했던 좌익 세력은 소련의 지시에 따라 '모스크바 3상 회의 찬성 운동'을 벌였지. 이렇게 신탁 통치를 둘러싸고 좌우는 갈등을 계속했고, 서로 자기들 입맛에 맞는 정부를 만들려고 줄다리기하던 미소 공동 위원회는 결렬되고 말아.

그래도 남북한 공동 정부를 세우려는 노력은 계속되었어. 중도파 지도

38선을 베고 쓰러질지언정 조국이 분단되는 것을 볼 수는 없다!

38선 앞에 선 김구

자였던 여운형은 좌우 합작 위원회를 만들었고, 임시 정부를 이끌던 김구는 평양으로 가서 김일성을 만나 통일 정부 수립에 대해 논의하기도 했어.

하지만 이승만을 비롯한 일부 우익 세력은 북한의 공산주의자들과는 함께 정부를 세울 수 없으니, 남한만이라도 단독 정부를 세워야 한다고 주장했어. 원래는 남북한 모두의 총선거를 추진하던 유엔도 소련의 거부로 남한만의 단독 선거를 치르기로 결정했단다.

그러자 분단을 받아들일 수 없었던 많은 사람들이 단독 선거 반대 시위를 벌였어. 제주도에서는 단독 선거에 반대하는 좌익 세력이 무장 봉기를 일으켰는데, 이를 진압하는 과정에서 수만 명의 죄 없는 사람들이 살해당하는 일이 벌어졌단다. 이 일은 1948년 4월 3일에 시작되었다고 해서 '제주 4·3 사건'이라고 불려. 그런데 4·3 사건을 진압하라는 명령을 받은 군부대 중 일부가 반란을 일으켰어. 자신들은 양민을 학살하라는 부당한 명령에 따를 수 없다면서 말이야. 이 반란은 좌익 성향의 군인들이 주도했는데, 이들이 정부의 진압군과 전투를 벌이는 과정에서 많은 민간인들이 희생되었어. 이렇게 많은 이들의 반대와 그에 따른 혼란에도 불구하고 결국 1948년 5월 10일에 남한만의 단독 선거가 치러졌어. 이 선거를 통해 뽑힌 제헌 의원들이 헌법을 만들고 이승만을 초대 대통령으로 뽑았지. 드디어 대한민국 정부가 세워진 거야.

친일파 청산과 토지 개혁, 누가 누가 잘했나?

단독 정부이긴 했지만 일단 정부가 세워졌으니 해야 할 일이 산더미였어. 그중에서도 가장 시급하고 중요한 것이 친일파 청산과 토지 개혁이었지. 친일파 청산이야 당연한 일이겠는데, 토지 개혁은 왜 중요했을까? 해방 이후 국민들의 대다수를 차지하고 있던 농민들은 살기가 더욱 어려워졌거든. 조선 말기의 세도 정치와 일제 강점기를 거치면서 땅이 없는 농민들이 늘어났기 때문이야. 그러니 농민들에게 땅을 나누어주는 토지 개혁은 가장 중요하고도 시급한 일이 되었던 거지.

친일파 청산을 위해 대한민국 국회는 '반민족 행위 특별 조사 위원회(반민특위)'를 만들었어. 이 위원회를 통해 친일파의 재산을 몰수하고 죗값을 물을 계획이었지. 그런데 이승만 정부와 친일파의 방해로 반민특위는 제대로 활동할 수가 없었어. 어라? 왜 평생을 독립운동에 힘쓴 이승만 대통령이 친일파 청산을 방해했을까? 당시 이승만의 주요 지지 세력이 바로 친일파였거든. 미군정에서 자리를 지킨 친일파는 이승만이 단독 정부를 세우고 대통령이 되는 데 큰 도움을 주었단다. 그래서 반민특위의 활동을 방해하고 친일파 청산을 어렵게 만든 거지. 대신 이승만 정부는 토지 개혁을 추진했어. 대부분 지주였던 친일파가 강하게 반대했지만, 이승만은 적극적으로 추진했어. 친일 지주들을 이용해서 권력을 잡았지만, 그들의 요구를 모두 들어줄 생각은 없었거든. 더구나 토지 개혁은 당시 국민의 절대다수를 차지하고 있던 농민들의 지지를 이끌어내는 최고의 방법이었어. 그리하여 결국 토지 개혁이 이루어졌고, 많은 농민들이 자기 땅을 가지게 되었단다. 덕분에 이제 막 태어난 대한민국은 한층 더 튼튼해지게 되었지.

그렇다면 북한은? 남한이 대한민국을 세우자 북한의 김일성도 조선 민주주의 인민 공화국을 선포했어. 소련군과 함께 북한에 들어온 김일성은 소련의 지원을 받아 이미 권력을 장악하고 있었어. 김일성은 인민 공화국 정부 수립 이전부터 실질적으로 북한 지역을 통치하고 있던 북조선 임시 인민 위원회의 의장을 맡고 있었지. 이 위원회를 통해 북한은 사회주의 국가 체제를 다져나갔단다. 남한보다 먼저 농지 개혁을 했을 뿐 아니라 친일 지주들의 토지를 몰수하는 등 친일파 청산에도 성공했지. 대통령이 되기까지 친일 세력의 도움을 받았던 이승만과 달리 김일성은 친일파를 청산하는 것이 자신의 집권에 도움이 되었거든. 하지만 북한의 김일성은 이 모든 성과를 덮고도 남을 만큼 큰 잘못을 저질러. 그게 뭐냐고? 바로 6·25 전쟁을 일으킨 거야.

사실 남쪽의 이승만도, 북쪽의 김일성도 한반도의 반쪽만 다스릴 생각은 없었어. 문제는 둘 다 무력으로 다른 한쪽을 점령할 생각을 했다는 거야. 이승만은 입만 열면 '북진 통일'을 외쳤고, 김일성은 전쟁 준비에 온 힘을 쏟았지.

덕분에 38선에서는 하루가 멀다 하고 무력 충돌이 벌어졌단다. 그러던 1950년 6월 25일 새벽. 전쟁 준비를 마친 북한군이 전면적으로 남침을 해왔어. 입으로 떠든 것에 비해 전쟁 준비가 부족했던 남한은 미군마저 철수한 상황에서 일방적으로 밀렸지. 개전 3일 만에 서울이 함락되고, 얼마 지나지 않아 대한민국은 부산 등 일부 지역만 빼놓고 전부 북한 땅이 되어버렸어.

하지만 미군이 주도하는 유엔군이 참전하면서 전쟁의 양상은 달라졌어. 더구나 제2차 세계 대전을 승리로 이끈 맥아더 장군이 인천 상륙 작전을 통해 북한군의 허리를 끊으면서 전세는 단숨에 역전되었지. 국군과 유엔군이 압록강까지 진격하면서 최후의 승리를 눈앞에 두었을 때, 이번에는 중국군이 참전하면서 다시 서울을 빼앗길 정도로 후퇴를 거듭했단다. 그리고는 38선 근처에서 밀고 밀리는 공방전이 계속되었지. 이때 어느 쪽도 승리할 수 없다는 것을 깨닫고 휴전 회담이 시작되었어. 그런데 곧 타결될 것 같았던 휴전 회담은 2년이나 질질 끌었단다. 포로 석방을 둘러싸고 지루한 신경전이 이어졌거든. 드디어 1953년 7월, 3년에 걸친 전쟁은 중단되고 휴전이 이루어졌어.

전쟁은 남북한 모두에 심각한 피해를 남겼어. 수많은 사람이 죽거나 다쳤고, 그나마 있던 산업 시설들도 거의 모두 파괴되었지. 마치 아래위로 톱질을 하듯 양쪽이 치고 내려왔다 올라가기를 반복한 것도 피해를 키웠어.

많은 지역에서 노인과 여자, 아이들을 비롯한 민간인이 학살당하기도 했지. 전쟁으로 남북 간의 미움이 커지면서 통일이 힘들어진 것도 비극이었어. 하지만 전쟁을 통해 이득을 본 사람들도 있었어. 남쪽의 이승만 정권이나 북쪽의 김일성 정권은 전쟁을 통해 자신들의 권력을 더욱 튼튼히 다질 수 있었거든. 자신에게 반대하는 사람들은 모두 빨갱이나 미국의 간첩으로 몰아 제거함으로써 말이지. 전쟁은 남북 모두에 강력한 독재 정권을 탄생시킨 거야.

6·25 전쟁의 전개 과정

기습 남침 → 3일 만에 서울 함락 → 부산 등을 제외한 전 국토 점령당함
→ 미군 주도의 유엔군 참전 → 인천 상륙 작전 → 평양 점령
→ 압록강 진격 → 중국군 참전 → 서울 재함락
→ 38선 인근에서 전쟁 고착 → 휴전

아까 "제헌 의원들이 헌법을 만들고 이승만을 초대 대통령으로 뽑았다"라고 말했던 것, 기억나? 이렇게 대한민국의 초대 대통령은 국민들이 아닌 국회 의원들이 뽑았어. 그런데 이승만은 국민들이 직접 선거로 대통령을 뽑는 방식으로 헌법을 바꾸었어. 국민의 손으로 직접 대통령을 뽑게 되었으니 잘 바꾼 것 아니냐고? 한데 이게 꼭 그렇지만은 않아. 이승만이 직선제로 헌법을 바꾼 이유는 자신이 국회 의원들에게 인기가 없었기 때문이야. 그도 그럴 것이 이승만 정권이 6·25 전쟁 동안 보여 준 것이라곤 무능과 부정부패뿐이었으니까. 그래도 오랫동안의 독립운동 경력 덕분에 국민들에게는 아직 인기가 있었거든. 그런데 헌법을 고치는 과정이 떳떳하지 못했어. 계엄령을 선포하고, 개헌에 반대하는 국회 의원들을 협박했으니까.

어쨌든 직선제 개헌을 통해 다시 한 번 대통령 직에 오른·이승만은 또다시 헌법을 고치려고 해. 이번에는 초대 대통령에 한해서 몇 번이라도 대통령을 할 수 있게 고치려 했어. 원래 헌법에는 대통령을 두 번까지만 할 수 있었거든. 이건 뭐, 평생 대통령을 하겠다는 속셈이 뻔히 보이는 거였지. 당연히 이번에도 국회 의원들의 반대에 부딪쳤어. 그런데 이번에는 표결까지 가서 단 한 표 차이로 개헌안이 부결되었단다. 헌법을 개정하기 위해서는 재적 의원 203명의 3분의 2인 136명이 찬성해야 했는데, 거기서 딱 한 표가 모자랐던 거야. 하지만 이승만 정권은 헌법이 통과되었다고 발표했어. 어떻게? 203명의 3분의 2는 정확히 135.333……명인데, 반올림을 하면 135가 되므로 헌법은 통과되었다고 주장한 거지. 어때? 말이 되는 것 같아? 사람을 3분의 1로 쪼개어 투표한다면 모를까, 이건 전례도 없고, 말도 안 되는 주장이었어. 그렇지만 억지로 밀어붙여서 헌법은 개정되었고, 이승만은 또 한 번 대통령이 되었단다. 이제는 국회 의원뿐 아니라 국민들의 마음도 이승만을 떠나기 시작했어.

그렇다면 이제 남은 방법은 뭘까? 부정 선거! 온갖 꼼수로 헌법까지 고치면서 정권을 연장하던 이승만은 1960년 3월 15일 선거에서 대대적인 부정을 저질렀어. 이승만 정권은 부정 선거를 규탄하는 시위대에 총을 쏘고 군대까지 동원했지만, 4월 19일에는 전 국민이 들고일어났지 (4·19 혁명).

결국 이승만 대통령은 하와이로 망명하고 민주적인 정부가 들어섰어. 그러자 이승만 정권 아래 억눌려 있던 국민들의 여러 가지 요구가 폭발했지. 처음에는 혼란스러운 상황이 벌어지기도 했지만, 점차 안정을 찾으면서 민주화를 바탕으로 경제 발전을 추구하게 되었어. 그런데 이번에는 박정희를 비롯한 군인들이 총칼로 정권을 빼앗는 일이 벌어져 (5·16 군사 정변). 안타깝게도 민주주의가 시작된 지 얼마 안 되는 나라에서는 군대가 무력으로 쿠데타를 일으키는 일이 자주 벌어지거든.

이렇게 정권을 잡은 박정희는 굴욕 외교라는 비난을 무릅쓰고 해방 이후 끊어졌던 일본과의 외교 관계를 회복했어. 식민지 피해 보상금을 받아 경제 발전을 위한 자금으로 쓰기 위해서였지.

여기에다 미국의 요청으로 참전한 베트남 전쟁을 통해서 확보한 자금까지 더해 '경제 개발 5개년 계획'을 추진했단다. 다행히 경제는 눈에 띄게 좋아졌고, 이를 바탕으로 박정희는 다시 집권할 수 있었어. 이제 두 번 대통령 자리에 올랐으니, 다른 사람에게 정권을 넘겨야 했지. 헌법에 따르면 대통령은 여전히 두 번까지밖에 할 수 없었으니까. 하지만 박정희는 이승만과 같은 길을 걸었어. 대통령을 세 번까지 할 수 있게 헌법을 바꾼 거야. 어라? 정말 딱 세 번만? 그렇다면 몇 번이고 대통령을 할 수 있도록 헌법을 고친 이승만보다는 괜찮은 것 아닌가? 그럴 리가! 박정

4·19 혁명 때는 중·고등학생들도 시위를 했어.

4·19 혁명

희는 이승만보다 한 걸음 더 나아가서 아예 대통령 직접 선거 자체를 없애고, 대신 통일 주체 국민 회의라는 기관에서 대통령을 뽑도록 만들었던 거야. 그런데 통일 주체 국민 회의의 의장이 바로 박정희였어. 결론은? 평~생 대통령! 거기다 이승만처럼 부정 선거 시비에 걸려들 이유도 없어. 자신의 말을 충실히 따르는 통일 주체 국민 회의에서 대통령을 뽑았으니까. 이것이 바로 유신 헌법이야.

그런데 유신 헌법을 발표하기 직전, 남한은 북한과 비밀리에 접촉해서 민족 통일 원칙 등을 담은 7·4 남북 공동 성명을 발표했단다. 당연히 전 국민은 열렬히 환영했지만, 박정희 정권은 이걸 유신 헌법을 발표하는 계기로 삼았어. 평화 통일을 위해서는 더 강력한 대통령이 필요하다고 말하면서 말이야. 당연히 국민들은 반발했고, 수많은 사람들이 감옥에 가거나 목숨을 잃는 일이 벌어졌단다. 그러기를 몇 년, 시위가 연일 계속되는 와중에 박정희는 측근의 손에 암살당하고, 유신 체제는 막을 내렸어.

그렇다면 이제야말로 민주주의의 시대가 온 것일까? 아쉽게도 아직은 아니야. 18년간의 박정희 독재를 끝내고 이제 막 민주 정부가 들어서려는 순간, 전두환을 비롯한 군인들이 쿠데타를 일으키고 정권을 잡아(12·12 군사 반란). 그들이 광주의 민주화 운동을 총칼로 진압하면서 수많은 시민들이 목숨을 잃었어(5·18 민주화 운동). 그 뒤 여러 해 동안 많은 사람들이 피를 흘리고 난 후에야 드디어 우리나라에도 민주주의가 자리를 잡게 되었단다(6월 항쟁).

6월 항쟁의 결과로 대통령 직접 선거가 부활하게 되었어. 하지만 선거 결과, 전두환과 함께 12·12 군사 반란을 일으켰던 노태우가 대통령에 당선되었지. 우째 이런 일이? 당시 대표적인 야당 지도자였던 김영삼과 김대중이 후보 단일화에 실패했거든. 양 김씨가 모두 후보로 나서는 바람에 여당 후보였던 노태우가 당선된 거야. 하지만 노태우 대통령 시절에도 민주화는 계속되었고, 그 뒤를 이어 김영삼과 김대중이 대통령에 당선되면서 민주주의가 자리를 잡게 되었단다.

여기서 잠깐 질문 하나. 사람들은 왜 이렇게 자기 목숨을 버리면서까지 민주주의를 원했던 걸까? 이건 조선 말기의 세도 정치를 생각하면 쉽게 이해할 수 있어. 권력이 소수의 사람들 손에 집중되면 다수의 사람들이 힘들어지거든. 나라 꼴 또한 말이 아니게 나빠지고.

그래서 이런 말이 있어. "절대 권력은 절대 부패한다." 다행히 우리 사회는 여러 사람의 희생으로 민주주의를 이룩했고, 이것을 잘 지켜가는 것이 우리의 몫이란다.

대한민국 민주주의의 역사

이승만 독재 ➜ 4·19 혁명 ➜ 5·16 군사 정변 ➜

박정희 독재(유신 헌법) ➜ 박정희 암살 ➜ 12·12 군사 반란 ➜

전두환 독재 ➜ 5·18 민주화 운동 ➜ 6월 항쟁

한강의 기적은 피땀의 기적

지금까지 민주주의를 향한 여정을 살펴보았으니, 이제부터는 산업화 과
정을 알아볼까? 식민지를 거치면서 그나마 조금 발전했던 우리 경제는
6 · 25 전쟁 직후 거의 바닥으로 떨어졌어. 미국의 원조를 받아 겨우 굶
주림을 면한 수준이었으니까.

그래도 1950년대를 지나면서 조금씩 산업이 발달하기 시작했어. 그러
다가 1960년대에 들어서면서 상황은 크게 달라졌지. 정부가 추진한 네
차례의 '경제 개발 5개년 계획'이 성공했거든. 그 결과 1960~1970년대

대한민국 자동차 수출 1호가 된 포니 자동차.

포니 자동차

를 거치면서 한국 경제는 해마다 9% 이상의 경제 성장률을 기록하게 되었단다. 요즘 우리나라의 성장률이 2~3%니, 정말 어마어마한 속도로 발전한 거지.

다른 나라 사람들은 이를 가리켜 '한강의 기적'이라고 불렀어. 하지만 한국의 경제 성장은 결코 기적이 아니었어. 휴일도 없이 밤낮으로 일하던 사람들의 피땀이 일구어낸 성과였지. 돈을 벌기 위해서 우리나라로 오는 요즘의 외국인 노동자처럼, 당시 한국인들도 외국으로 나가 돈을 벌었어. 많은 광부와 간호사들이 독일로 가서 돈을 벌어 한국으로 보냈고, 중동의 사막에서 땀 흘려 일한 노동자들도 많았지. 이 모든 노력이 한강의 기적을 일구어낸 거야.

물론 정부의 역할도 컸어. 강력한 힘을 바탕으로 여러 경제 정책들을 밀어붙여 성공시켰으니까. 마치 어린 단종을 죽이고 왕위에 오른 세조가 여러 업적을 남긴 것처럼, 군사 쿠데타를 통해 집권하고 독재 정치를 펼쳤던 박정희 정권 또한 경제 발전이라는 업적을 남겼단다. 박정희의 뒤를 이은 전두환과 노태우 정권 시절에도 우리 경제는 지속적인 발전을 거듭했어. 이를 통해 우리나라는 전쟁 직후의 가난한 후진국에서 선진국 대열에 진입할 수 있었고.

그러나 경제 발전의 부작용도 만만치 않았어. 우선 노동자들의 근무 조건이 너무 열악했지. 1970년대의 평화 시장에서는 10대의 소녀들이 허리도 펼 수 없는 작업장에서 하루에 열두 시간 이상씩 일해야 했으니까.

그러면서 밥값도 안 되는 임금을 받았어.

이처럼 열악한 노동 조건과 낮은 임금 때문에 인간다운 생활을 할 수 없는 노동자들이 많았어. 부자들은 점점 더 엄청난 부자가 되었는데 말이야. 이런 문제는 민주화 과정에서 어느 정도 나아졌지만, 아직도 해결해야 할 것들이 많이 남아 있단다.

우리 경제가 지나치게 수출 중심으로 성장한 것도 문제였어. 거기다 1980년대 이후 우리 시장을 자유화하여 세계에 개방하면서 우리 경제가 외국에 의존하는 경향이 점점 심해졌지. 결국 1997년에는 달러가 부족해서 국제 통화 기금(IMF)에 긴급 구제 금융을 신청하는 일이 벌어져. 흔히 'IMF 사태'라고 불리는 이 일로 인해 우리나라와 대다수 국민들은

평화 시장 노동자 전태일은 자신의 몸에 불을 붙임으로써 '한강의 기적'의 어두운 현실을 세상에 알렸어.

ⓒ아이클릭

전태일 동상

엄청난 고통을 겪었단다. 수많은 사람들이 직장을 잃고, 안정적인 정규직 일자리가 저임금의 비정규직으로 바뀌었으며, 빈익빈 부익부 현상이 심화되었지. 지금은 IMF 사태를 많이 극복하긴 했지만, 사회 양극화 문제는 여전히 우리가 해결해야 할 과제로 남아 있어. 거기다 복지 수준을 높여서 모든 사람이 최소한의 인간다운 생활을 하는 것, 지구 온난화를 비롯한 환경 문제를 해결하는 것, 후쿠시마 원전 사태로 문제가 된 원자력 발전 대신 친환경 에너지를 개발하는 것 등도 모두 우리 앞에 놓여 있는 과제들이야.

그리고 또 하나. 계속 늘어나고 있는 외국인들과 함께 바람직한 다문화 사회를 만들어가는 것도 놓쳐서는 안 될 일이란다.

한편 북한은······

이렇게 대한민국은 혁명과 군사 정변 속에서도 민주화와 산업화를 이루며 오늘에 이르렀어. 아직도 해결해야 할 과제가 많지만, 우리의 놀라운 발전은 세계가 모두 인정할 정도지. 그렇다면 북한은 분단 이후 어떤 과정을 거쳐왔을까?

조금 아까 6 · 25 전쟁이 끝나자 이승만 독재가 강화되었고, 7 · 4 남북 공동 성명이 나오자 박정희가 유신 헌법을 발표해서 더욱 강력한 독재를 실시했다고 이야기했지? 북한의 김일성도 이 두 사건을 통해 자신의 독재 권력을 강화했단다. 6 · 25 전쟁 이후에는 전쟁의 책임을 물어 반대 세력을 제거했고, 7 · 4 남북 공동 성명 이후에는 사회주의 헌법을 만들어 1인 지배 체제를 만들었어.

ⓒ아키피로

'김씨 왕조'의 시조,
김일성.

하지만 남한이 국민들의 끊임없는 저항으로 이승만 독재와 박정희 독재
가 무너지면서 민주화를 이룬 반면, 김일성의 독재는 계속 이어져 나중
에는 김일성을 우상화하는 단계에까지 이르렀단다. 그러고는 자신의 아
들에게 권력을 넘겨주면서 새로운 왕조를 세우게 되지. 지금은 그 손자
가 권력을 이어가고 있고.

6·25 전쟁으로 폐허가 된 북한을 일으켜 세우는 데는 강력한 독재 체
제가 어느 정도 도움이 되었어. 마치 박정희 정권이 추진한 경제 개발
계획이 우리 경제를 발전시키는 계기가 된 것처럼 말이야. 하지만 우리
가 민주화를 통해 경제를 한 단계 업그레이드시킬 동안, 북한은 독재를
더욱 강화하고 세계와는 고립된 체제를 유지하면서 경제가 갈수록 나빠
졌어. 결국 수많은 사람들이 굶어 죽는 최악의 상황까지 오게 된 거야.
상황이 이렇게 되자 많은 주민들이 북한을 탈출하기 시작했지.

분단에서 통일로!

문제는 우리가 이런 북한과 통일을 이루어야 한다는 데 있어. 그냥 다른 나라처럼 살면 안 되냐고? 그렇지 않아. 우선 아직도 많은 이산가족들이 남과 북으로 나뉘어 얼굴조차 보지 못한 채 살고 있거든. 이 문제를 해결하지 않고는 모두가 인간다운 삶을 살고 있다고 말하기 어렵지.

또 하나, 한반도에 평화를 정착시키기 위해서도 통일은 필요해. 아직 한반도는 전쟁을 쉬고 있는 중이거든. 이런 상태라면 언제든 다시 전쟁이 일어날 수 있어. 몇 해 전 북한이 우리 땅 연평도를 포격한 것처럼. 그럼 전쟁으로 북한을 점령하면 되는 것 아니냐고? 이런, 6·25 전쟁을 배웠다면 그런 말이 나오기 힘들지. 만약 지금 다시 전쟁이 일어난다면 남북한 모두 상상조차 할 수 없는 피해를 입을 거야.

대한민국이 한 단계 더 발전하기 위해서도 통일은 필요해. 지금처럼 분단 상황에서는 발전에 한계가 있거든. 예컨대 군대를 유지하고 무기를 사는 데 쓰는 돈을 복지에 쓴다면 사람들이 얼마나 더 행복해지겠니?

그래서 지난 2000년에 남북한 정상이 만나 6 · 15 남북 공동 선언을 발표한 거야. 남북한이 평화 통일을 위해 교류와 협력을 더욱 확대하자는 내용을 담았지. 이후 남북한 사이에 경의선 철도를 연결하고, 개성에 한국 기업이 운영하는 공단을 만들고, 금강산과 개성 관광을 시작하는 등 다양한 사업이 시작되었어. 물론 아직도 넘어야 할 산들이 많지만, 이렇게 노력하다 보면 머지않은 시기에 평화로운 통일이 이루어질 거야.

독립기념관의 '불굴의 한국인상'

구쌤의 끝인사

자, 지금까지 딱 2시간 동안 쌤이랑 같이
한국사의 흐름을 잡아보았어. 재미난 이야기를
술술 읽다 보니 어느새 한국사의 흐름이 머릿속에
쏙, 들어오지 않았니? 그래도 아직 좀 헷갈린다고?
그렇다면 이걸 한번 봐.

'선사 시대(구석기-신석기-청동기)-고조선과 초기
국가-삼국 시대(고구려, 백제, 신라)-남북국 시대
(통일 신라와 발해)-고려-조선-근대-현대'

시대 구분 장에서 봤던 내용이야.

근데 처음에 볼 때랑 느낌이 좀 다르지 않아?

잘 모르겠다고? 그럼 다시 한 번 천천히 보면서

읽었던 것들을 떠올려볼까?

선사 시대는 역사 기록이 없는 시대, 구석기는

뗀석기, 신석기는 간석기…… 하는 식으로 말이야.

생각이 잘 안 나면 해당 부분을 다시 찾아봐도 돼.

특히 '구쌤의 흐름 잡기'를 말이야. 어때?

다시 한 번 흐름이 딱 잡혔지? 이제 여러분에게

한국사는 쉽고 재미있는 과목이 되었어.

어떤 골치 아픈 내용이 추가되어도 이 흐름 안에

끼워 넣기만 하면 간단하니까.

이제 흐름을 잡았으니, 한국사 공부는 지금부터

시작이야. 재미있게 흐름을 잡은 것처럼,

앞으로 접하게 되는 더욱 풍부한 한국사도

재미있게 공부할 수 있겠지? 그럼, 모두, 파이팅~!

중학생을 위한
**딱 2시간
한국사**

개정증보 1쇄 발행 2022년 10월 20일

지은이 ㅣ 구완회
펴낸이 ㅣ 계명훈
기획 · 진행 ㅣ fbook
마케팅 ㅣ 함송이
디자인 ㅣ design group ALL(02-776-9862)
일러스트 ㅣ 정경아
인쇄 ㅣ 다라니인쇄
펴낸 곳 ㅣ for book 서울특별시 마포구 만리재로 80 예담빌딩 6층 (우) 04185
        02-753-2700(판매) 02-335-3012(편집)
출판 등록 ㅣ 2005년 8월 5일 제 2-4209호

값 15,000원
ISBN 979-11-5900-127-7 43910